CHRISTIAN FELDMANN

Lebensbilder mutiger Christen

CHRISTIAN FELDMANN

Lebensbilder
mutiger
Christen

Kurzbiographien

Mit Zeichnungen von Rolf Bunse

HERDER

FREIBURG · BASEL · WIEN

Satz: Weiß-Freiburg GmbH – Graphik & Buchgestaltung
Herstellung: fgb · freiburger graphische betriebe
www.fgb.de

Printed in Germany

ISBN 978-3-451-70962-3

Mix
Produktgruppe aus vorbildlich
bewirtschafteten Wäldern, kontrollierten
Herkünften und Recyclingholz oder -fasern
www.fsc.org · Zert.-Nr. SGS-COC-003092
© 1996 Forest Stewardship Council

Inhalt

Die Lust am Leben lernen

Dieses Buch erzählt von Querdenkerinnen und Grenzgängern. Von Philosophen und Mystikern, Dichtern und Freiheitskämpferinnen, liebevollen Mönchen und zähen Rebellen.

Grenzgänger: Leute mit Gewissen, Courage und Phantasie, die sich nicht gleichschalten lassen, sondern auf ihrem Recht beharren, eine eigene Meinung zu haben. Menschen, die sich selbst treu bleiben und die Erfahrung leben, dass die Welt nicht so bleiben muss, wie sie ist.

Grenzgänger: Menschen, die keine Berührungsängste kennen und keine Feindbilder nötig haben. Menschen, von denen man das freie Atmen und die Lust am Leben lernen kann.

Grenzgänger: Spirituelle Gestalten, in denen der Himmel die Erde berührt. Menschen, die neue Welten entdecken und nach den Sternen greifen – weil unser Leben ohne den Glanz einer manchmal verrückten Hoffnung langweilig und trostlos zu werden droht.

Denn was bleibt vom Leben, wenn wir uns das Träumen verbieten lassen? Wenn nicht mehr nach Sinn und Ziel, Liebe und Schuld und nach einem dauerhaften Glück gefragt werden darf? Unverschämt sein. Sich nicht mit dem Vordergründigen zufrieden geben. Über das Vorgefundene hinaus fragen. Hinter die Kulissen schauen.

Dieses Buch erzählt von den Hoffnungen und Sehnsüchten solcher Mutmacher und Vordenkerinnen, aber auch von ihren Ängsten und Niederlagen. Wir erfahren: Die hartnäckig Glaubenden heben die Welt aus den Angeln, indem sie ganz einfach anders leben. Einer von Gewalt und Heuchelei, Geld und Geiz beherrschten Umwelt verweigern sie die Anpassung.

Ihre sanfte Revolte kann den gesellschaftlichen Normen gefährlich an den Nerv gehen. Tabus werden gebrochen, Selbstverständlichkeiten hinterfragt, Alternativen vorgelebt.

„Habt vor nichts Angst", diese Zeilen hinterließ Elsa Brändström, die Kämpferin aus den Kriegsgefangenenlagern, ihrer Tochter. „Das Leben ist aufregender, schöner und kraftvoller, als ihr euch vorstellen könnt. Wir aber sind viel stärker, als wir glauben."

Keiner wollte ihn drucken

Heinrich Böll, Schriftsteller (1917–1985)

Ja war der Kerl denn verrückt geworden? 1938, als alles auf einen Krieg hindeutete und das Geld in der kinderreichen Kölner Handwerkerfamilie Böll immer knapper wurde, brach der zwanzigjährige Heinrich seine Buchhandelslehre ab und verkündete stolz, er wolle freier Schriftsteller werden.

Dabei hatte sein Vater während der Weltwirtschaftskrise alles Geld verloren, das er als Holzbildhauer und Schreiner verdient hatte. Der Gerichtsvollzieher ging bei den Bölls ein und aus. Dass die Familie aus ihrer Abneigung gegen die Nazis kein Hehl machte und Heinrich partout nicht in die Hitler-Jugend hatte eintreten wollen, machte die Lage nicht gerade besser. „Mühsamste Beschäftigung", erinnerte sich Böll später, „blieb: neue Lebensmittelkredite aufzutun oder alte zu bezahlen, um neu auf Pump zu gehen, und die ständig drückende Dauerlast: die Miete. Ich weiß bis heute nicht, wovon wir lebten."

Vielleicht vom Gottvertrauen, das diese kernkatholische, aber auf pfiffige Weise kirchenkritische und politisch wache Familie prägte. Heinrich verlor es beinah auf den Schlachtfeldern und in den Lazaretten des Zweiten Weltkriegs: Polen, Frankreich, Russland, Ungarn, schwere Verwundungen, das sinnlose Sterben um ihn herum, die Phrasen der Befehlshaber, die Angst, wahnsinnig zu werden („ich verliere mein Gehirn stückweise"), der Hass auf den Krieg und „die Uniform an sich".

„Mit diesen Händen, die abends das Kreuzzeichen auf die Stirn deines Kindes zeichnen, hast du den Abzug des Maschinengewehrs um jene entscheidenden Millionstel Millimeter verrückt, so dass er die Stirne anderer und Unschuldiger zerschmetterte. [...] Mit diesen Händen hast du die Schuhe von einer schwarzen Russenleiche gezogen, da deine zerfetzt waren [...] Diese Hände hast du millionenmal gewaschen,

und immer wieder waren sie sauber, rein und unschuldig, und kein Mensch hat sich gefürchtet, sie anzufassen, obwohl du tödliche Granaten damit in den Trichter des Werfers gesteckt hast.

Du hast damit Papierkügelchen zum Pult des Lehrers geschossen, hast sie an dem ewig lädierten Füllfederhalter beschmutzt, und zu einer Zeit, die du nicht mehr kennst, hast du die Brüste deiner Mutter damit berührt, du hast die Schulmappe damit umklammert, von vielerlei Blut waren sie befleckt, schwarz von geronnenem Blut, das die Poren verstopfte, Blut von ihm oder Blut von dir, sie waren wie Metzgerhände, diese Hände, die dein Kind abends im Spiel mit seinem unschuldigen Mund berührt, wenn du das Zeichen des Kreuzes auf seine Stirn zeichnest." [1]

Als er zurückkam, 1945 – sein kleiner Sohn Christoph war gerade an Brechdurchfall gestorben wie viele Kinder in den elenden Hungermonaten damals – schlug er sich als Hilfsarbeiter durch und begann wie ein Besessener zu schreiben. Aber kein Verleger, kein Redakteur interessierte sich für seine Geschichten. Böll war einer der ersten deutschen Literaten, die das Grauen des Krieges in Worte gossen, unbarmherzig realistisch und die Schuldigen beim Namen nennend – das wollte niemand hören. Leichte Kost zur Ablenkung war gefragt und mystische Überhöhung – keine unangenehmen Wahrheiten über Korruption in der Wehrmacht und den Massenmord an den Juden.

Als Heinrich Böll im Mai 1951 mit seiner Erzählung *Die schwarzen Schafe* plötzlich den Preis der *Gruppe 47* gewann, war das ein Achtungserfolg, aber noch keineswegs der große Durchbruch. In einem halben Jahr verdiente er mit seinem Buch *Der Zug war pünktlich* (145 verkaufte Exemplare) exakt 58 Mark. Als er den Preis der *Gruppe 47* überreicht bekam, 1000 DM in großen Scheinen, flüsterte er einem Kollegen atemlos zu: „Ich muss sofort zur Post laufen und das Geld überweisen. Meine Kinder hungern und schlafen im Kohlenkasten."

Eine Rolex-Uhr für Dostojewskij

Böll hat seine schlimmen Jahre nie vergessen, auch als er zum Weltruhm aufgestiegen war und das Bild der deutschen Nachkriegsliteratur prägte. Kaum einer hat mit so viel Herz und Hirn die Lebensnarben und Hoffnungen der kleinen Leute erkundet und gegen Machtgelüste, hohlen Konsumrausch und verweigerte Trauerarbeit angeschrieben. Er ist außerdem stets ein Provinzler mit weitem Horizont geblieben, kritischer Katholik und misstrauischer Liberaler, vornehm und kämpferisch, ein Intellektueller, den jeder verstehen konnte, und ein Radikaldemokrat aus Sorge um kostbare alte Werte.

Es dauerte noch lange Jahre, bis er von seiner Schreibe leben konnte. Heinrich Böll schrieb Hörspiele und gründete mit unternehmerischem Elan eine Kurzgeschichten-Agentur namens *Ruhr-Story*, bei der auch Talente wie Wolfdietrich Schnurre und Siegfried Lenz mitarbeiteten. Mitgefühl mit den Wehrlosen, gesellschaftliche Verantwortung der Literatur, Sehnsucht nach Gerechtigkeit und eine erfinderische Fantasie, wenn es um die nötigen Veränderungen ging, das blieben seine Themen, auch als er mit seinen Erzählungen, Romanen und Reden – *Das Brot der frühen Jahre, Billard um halb zehn, Ansichten eines Clowns, Gruppenbild mit Dame, Fürsorgliche Belagerung* – in die Feuilletons und Lesebücher einzog.

Vom deutschen Wirtschaftswunder sprach man in den fünfziger und sechziger Jahren, als sich auf den Trümmern des Zweiten Weltkriegs eine blühende Wirtschaft mit Vollbeschäftigung und bescheidenem privaten Wohlstand entwickelte. Die Deutschen begannen wieder stolz auf sich zu sein – spätestens als sie 1954 mit dem „Wunder von Bern" auch noch Fußballweltmeister wurden.
Die Kehrseite: eine muffige, ja bleierne geistige Atmosphäre mit Denkverboten und Spießermoral. Als sich Hildegard Knef in dem Film *Die Sünderin* 1951 für eine Sekunde nackt zeigte, regte man sich darüber erheblich mehr auf als über die fehlende Auseinandersetzung mit der Vergangenheit und die Wiederbeschäftigung hoher NS-Beamter in der Bonner Regierung. Für homosexuelle Handlungen konnte man ins Gefängnis kommen.

Legendär wurde sein Essay *Zur Verteidigung der Waschküchen*, mit dem er 1959 auf das vorschnelle Lob eines Kritikers reagierte, er verlasse nun wohl endlich das „Armeleutemilieu" mit seinem „Waschküchengeruch" und den ständigen sozialen Anklagen. Man hätte Dostojewskij damals auch in eine feine Umgebung schicken und seinen Romanfiguren „Rolex-Uhren schenken sollen, auf dass sie sich wahrhaft groß fühlen", entgegnete Böll grimmig.

Als ihm die Stadt Wuppertal im selben Jahr einen Literaturpreis verlieh, hielt er eine flammende Lobrede auf die Sprache als „Hort der Freiheit": Zwischen zwei Druckzeilen „kann man Dynamit genug anhäufen, um Welten in die Luft zu sprengen". Deshalb gebe es nichts Würdeloseres als einen Schriftsteller, der sich den Mächtigen beuge und Sätze schreibe, die er nicht vor seinem Gewissen verantworten könne.

> *„Man muss zu weit gehen,*
> *um herauszufinden,*
> *wie weit man gehen kann."*

In den fünfziger und sechziger Jahren eskalierte der Konflikt zwischen den Westmächten und dem Ostblock zum sogenannten „Kalten Krieg": atomares Wettrüsten, Hasspropaganda, Drohgebärden. Böll hielt in dieser Zeit unbeirrt Kontakt zu russischen, polnischen, tschechoslowakischen Literaten. Dem von der Sowjetunion ausgebürgerten Dissidenten Alexander Solschenizyn gab er Asyl in seinem Haus im Eifeldorf Langenbroich – was ihn nicht davor bewahrte, in den siebziger Jahren von rechten Zeitungsmachern und Fernsehmoderatoren in eine geistige Nähe zum RAF-Terrorismus gerückt zu werden.

Weil er dazu mahnte, auch mit der Baader-Meinhof-Bande – deren Taten er vehement ablehnte – nach den Regeln des Rechtsstaats umzugehen, bildete ihn die *WELT* am 12. September 1972 zusammen mit den evangelischen Theologen Heinrich Albertz, Helmut Gollwitzer und Kurt Scharf unter dem Titel *Das stille Reserveheer des Terrorismus* wie auf einem Fahndungsplakat ab. Während in Frankfurt am Main Andreas Baader und zwei weitere Terroristen festgenommen wurden, umstellten und durchsuchten zur selben Stunde schwer bewaffnete Polizeieinheiten Bölls Haus in der Eifel.

Die Verleihung des Literaturnobelpreises in Stockholm im gleichen Jahr konnte vor dem Hintergrund dieser Hysterie durchaus als eine Geste der Solidarität mit dem von Morddrohungen verfolgten Autor verstanden werden. Böll wuchs mit seinen Appellen, Interviews und Auftritten – etwa bei der Blockade einer US-Kaserne in Mutlangen oder 1981 bei der Demonstration von 300.000 Menschen gegen die nukleare Aufrüstung im Bonner Hofgarten – immer mehr in die Rolle einer moralischen Instanz hinein.

> *„Wir wollen die geborenen Einmischer sein, Einmischung ist die einzige Möglichkeit, realistisch zu sein. Wir wollen ein bewohnbares Land suchen. Gewalt gibt es nicht nur auf den Straßen, Gewalt in Bomben, Pistolen, Knüppeln und Steinen, es gibt auch Gewalt und Gewalten, die auf der Bank liegen und an den Börsen hoch gehandelt werden."* [2]

Aus der katholischen Kirche waren er und seine Frau Annemarie bereits 1976 ausgetreten, nicht aber aus der Gemeinschaft der an den armen Jesus Glaubenden. Böll warf der Kirche vor, blind eine bestimmte politische Fraktion zu unterstützen, keinen Widerstand gegen die Hochrüstung zu leisten, wiederverheirateten Geschiedenen die Kommunion zu verweigern, ihre Kirchensteuern aber bedenkenlos zu kassieren. Er bescheinigte der körperlichen Liebe selbst im Bordell und dem Teilen des Brotes unter Menschen sakramentale Qualität.

Und er kämpfte mit bitterbösem Sarkasmus gegen Heuchelei und Unmenschlichkeit, wo sie sich mit einer frommen Tünche maskierten: In seinem frühen Roman *Und sagte kein einziges Wort* (1953) bewohnen Fred und Käte mit ihren vier Kindern als Untermieter ein Zimmer in der feudalen Wohnung des Ehepaars Franke. Frau Franke geht jeden Morgen zur Kommunion, küsst einmal pro Monat den Ring des Bischofs, wenn er die Repräsentantinnen der katholischen Frauenverbände empfängt, sie ist exzessiv fromm – und hartherzig. „Redselig und lebhaft, ohne Zärtlichkeit." Sanft ist sie nur, wenn sie von Geld spricht. Fred und Käte schlafen im Park oder in billigen Hotels miteinander, weil es in der Franke-Wohnung zwar schöne sakrale Kunstgegenstände gibt, aber keinen Platz für den körperlichen Vollzug ihrer Liebe.

Am 16. Juli 1985 starb Heinrich Böll. Er wurde unter der Musik von Sinti und Roma zu Grabe getragen.

Glauben, als ob es Gott nicht gäbe

Dietrich Bonhoeffer, Pastor und Verschwörer
(1906–1945)

Am 5. April 1943, zwei Monate nach der Katastrophe von Stalingrad, wird ein politischer Häftling in das Militärgefängnis Berlin-Tegel eingeliefert. Zwölf Tage lang öffnet sich seine Zelle nur zum Essensempfang und zum Ausleeren des Kübels mit der Notdurft. Den Grund für seine Verhaftung erfährt er erst ein halbes Jahr später.

In der Zelle ist es kalt, Seife oder frische Wäsche gibt es nicht. Am nächsten Morgen wirft man dem Gefangenen durch die Türluke ein Stück Brot auf den Zellenboden; der Kaffee besteht zu einem Viertel aus Kaffeesatz.

Nach einigen Tagen notiert der Häftling auf einem Zettel, wie ihm zumute ist: „Selbstmord, nicht aus Schuldbewusstsein, sondern weil ich im Grunde schon tot bin, Schlussstrich, Fazit."

Aber der Häftling, der Pastor und heimliche Verschwörer Dietrich Bonhoeffer, stirbt nicht. Er wird in einen anderen Trakt des Gefängnisses verlegt, darf Bücher und Schreibpapier bekommen und alle zehn Tage einen Brief abschicken. Seine Stube ist zwei mal drei Meter groß, ausgestattet mit Pritsche, Schemel, Wandbrett und Eimer.

Was der Häftling Bonhoeffer in den nächsten anderthalb Jahren aus dieser engen, schlecht erleuchteten Zelle schmuggelt, auf Zettel gekritzelt oder in die – zensierten – Briefe an seine Familie eingestreut, geht in die Geistesgeschichte des 20. Jahrhunderts ein. Zwischen Hoffnung und Todesangst, ungewiss über sein Schicksal, redet Bonhoeffer mit einem Gott, der seine Menschen scheinbar verlassen hat. Diese Gespräche in den einsamen Tagen und Nächten bilden die Situation eines Gott fernen Zeitalters ab und werden zur Wegweisung für die Christen, die ihren Glauben auf dem schmalen Grat zwischen Treue und Verzweiflung zu leben versuchen.

Die Oma ließ sich auch von der SA nicht schrecken

Dietrich Bonhoeffer, 1906 in Breslau geboren, stammte aus einer für alle geistigen Strömungen der Zeit, für Politik, Kunst und Musik aufgeschlossenen Professorenfamilie. Es machte starken Eindruck auf Dietrich, als sich seine Großmutter 1933 nicht am Boykott jüdischer Geschäfte beteiligte, sondern sich resolut an den SA-Wachtposten vorbei in die Läden schob.

Der Theologiestudent Bonhoeffer ist seinen Kommilitonen in Tübingen und Berlin als außerordentlich heller, kritischer Kopf in Erinnerung geblieben, aber auch als temperamentvoller, zu Späßen aufgelegter Kumpel. Praktische seelsorgliche Erfahrungen erwarb er sich in der Arbeit mit Kindergruppen in Berlin und als Vikar in Barcelona, wo er vor allem mit deutschen Kaufleuten zu tun hatte.

Als ihn seine Vorgesetzten als Stipendiaten an das Union Theological Seminary nach New York schickten, erlebte er bestürzt die Auswirkungen des Rassismus im schwarzen Getto Harlem und begann die althergebrachte Trennung zwischen Glaube und Politik in Frage zu stellen. Zurückgekehrt an die Berliner Uni, wo er jetzt als Privatdozent Vorlesungen hielt und Seminare leitete, suchte er seine Studenten zu überzeugen, dass der Krieg zu ächten sei – eine unerhörte Botschaft zu einer Zeit, als sich die Nazis an den Hochschulen immer mehr breitmachten.

Am Abend des 30. Januar 1933 kam Bonhoeffers Schwager und kommentierte Hitlers soeben stattgefundene Machtübernahme mit den Worten: „Das bedeutet Krieg!" Die ganze Familie stimmte vorbehaltlos zu. Man wusste, was man von den Nazis zu erwarten hatte: das Ende aller bürgerlichen Freiheiten in Deutschland und einen erbarmungslosen Kirchenkampf – es sei denn, die Kirche würde sich gleichschalten lassen und eine ungestörte Kultausübung mit dem Verzicht auf ihr prophetisches Wort erkaufen.

Beerdigungsstreik gegen Hitler?

Genau das aber durfte nicht sein. Zwei Tage nach der Machtergreifung protestierte Bonhoeffer in einer Rundfunkrede unmissverständlich gegen ein „sich selbst vergottendes" Führeramt – bis man ihm kurzerhand das Mikrofon abdrehte. Während die auf Nazi-Kurs marschierenden *Deutschen Christen* die Verfassung für eine „Reichskirche" vorbereiteten, sprach Bonhoeffer auf Protestversammlungen – und schlug vor, die Pfarrer sollten in einen Beerdigungsstreik treten.

In Finkenwalde bei Stettin übernahm er bald darauf ein Predigerseminar zur praktischen Ausbildung angehender Pfarrer. Als die Gestapo das der „Bekennenden Kirche" nahestehende Seminar schloss, führte der erfinderische Bonhoeffer den Unterricht in leer stehenden Pfarrhäusern weiter.

Doch irgendwann genügte diese innere Emigration in kleinen Zirkeln nicht mehr: Unter bestimmten Voraussetzungen, so hatte er bereits 1933 geschrieben, könne es für die Kirche notwendig werden, „nicht nur die Opfer unter dem Rad zu verbinden, sondern dem Rad selbst in die Speichen zu fallen". Eine nur für ihre Selbsterhaltung kämpfende Kirche, selbstzweckhaft auf das eigene Schicksal fixiert, sei nicht mehr fähig, Träger des erlösenden Wortes für die Welt zu sein.

Nach der „Reichskristallnacht" 1938, als überall in Deutschland die Synagogen brannten und jüdische Mitbürger verschwanden, beschwor Bonhoeffer seine Glaubensbrüder und -schwestern: „Nur wer für die Juden schreit, darf auch gregorianisch singen!" Womit er meinte, eine Christenheit, die zur Verfolgung und Entrechtung eines ganzen Volkes schweige, habe das Recht verwirkt, Gott in schönen Hymnen zu loben.

Ein Pastor lernt das Verschwörerhandwerk

Mit Reden und Schreiben wollte Bonhoeffer sich jetzt nicht mehr zufriedengeben. Nach den erfolgreichen Blitzkriegen gegen Polen und Frankreich schien Hitlers Position unanfechtbar. Die oppositionellen Regungen in der Wehrmacht waren erlahmt. Massenweise wurden Juden in die Vernichtungslager deportiert.

Und Dietrich Bonhoeffer, der Gelehrtentyp mit dem nüchternen Verstand, intellektuell, feinsinnig, enorm belesen, begann das schwierige Handwerk eines politischen Verschwörers zu erlernen. Auf raffinierte Weise schleuste er vom Tod bedrohte Juden über die Reichsgrenze. Durch seinen Schwager Hans von Dohnányi, der im Oberkommando der Wehrmacht tätig war, bekam er Kontakt zu der Widerstandsbewegung um den Chef der Abwehr, Admiral Wilhelm Canaris. Seine guten ökumenischen Kontakte in halb Europa machte man sich dort gern zunutze.

Die Abwehr schickte ihn als „Geheimagenten" ins Ausland. Offiziell hatte Bonhoeffer bei diesen Reisen Informationen für den deutschen Geheimdienst zu sammeln. Seine eigentliche Aufgabe war es jedoch, die Freunde im Ausland über die Aktivitäten des Widerstands zu unterrichten und von ihnen Informationen mitzubringen. Es ging um die Planung von Deutschlands Zukunft für den Fall eines erfolgreichen Umsturzes.

Als Bonhoeffers unmittelbarer Vorgesetzter in der Abwehr über ein Devisenvergehen stolperte, wurde im Zuge der Ermittlungen mehr zufällig auch Dietrich Bonhoeffer verhaftet, im April 1943. Erst mit dem gescheiterten Attentat auf Hitler vom 20. Juli 1944 flog der ganze Verschwörerring auf.

„Leben ohne die Arbeitshypothese Gott"

Jetzt wartete Bonhoeffer auf den Tod, mit dem er sich nach langem Aufbäumen ausgesöhnt hatte. Im finsteren Kellergefängnis der Berliner Gestapo entstanden Ende 1944 die bekannten Verse von dem Licht, das in der Nacht scheint:

> *„Von guten Mächten wunderbar geborgen,*
> *erwarten wir getrost, was kommen mag.*
> *Gott ist mit uns am Abend und am Morgen*
> *und ganz gewiss an jedem neuen Tag."* [3]

Wenige Wochen vor Kriegsende trat Bonhoeffer zusammen mit anderen prominenten Häftlingen eine Odyssee durch Thüringen und Bayern an, während sich die amerikanischen Truppen näherten – bis aus dem Führerhauptquartier der Befehl kam, die Gruppe um Canaris zu liquidieren. Hitler wollte seine letzte Rache haben.

Am frühen Morgen des 9. April 1945 starb Dietrich Bonhoeffer im oberpfälzischen KZ Flossenbürg, an einem langen Nagel an der Wand aufgehängt. Augenzeugen erinnern sich an seine letzten Worte: „Das ist das Ende – für mich der Beginn des Lebens." Bonhoeffers Leichnam wurde verbrannt.

Im tristen Dunkel der Gefängniszelle, während Gott sich zu verhüllen und nur der Teufel zuzuhören schien, hatte er einen trotzig-vertrauensvollen Glauben gelernt.

> *„Gott gibt uns zu wissen, dass wir leben müssen als solche, die mit dem Leben ohne*
> *Gott fertig werden. Der Gott, der mit uns ist, ist der Gott, der uns verlässt. […] Der*
> *Gott, der uns in der Welt leben lässt ohne die Arbeitshypothese Gott, ist der Gott, vor*
> *dem wir dauernd stehen. Vor und mit Gott leben wir ohne Gott."* [4]

Man müsse heute in der Welt leben, „als ob es Gott nicht gäbe", schlägt der Häftling Bonhoeffer vor. Gott ist da in dieser Welt, aber nicht als majestätischer Herrscher, sondern als Leidender, ohnmächtig, dienend. Gott leidet mit seiner Welt mit, er gibt sich hin – und verwandelt damit die Not.

Die Zukunft werde einem „religionslosen" Christentum gehören, prophezeit Bonhoeffer. Keine Religion mehr als Flucht aus der Verantwortung. Kein Lückenbüßer-Gott mehr, kein Christus als Medizin für die Krankheiten dieser Welt, die wir selbst kurieren sollen. Dafür aber ein kraftvolles Christsein, das verantwortlich handelt und den Menschen dient.

Der starke „Engel von Sibirien"

Elsa Brändström, Krankenschwester und
Gefangenenhelferin (1888–1948)

I n Russland gab es im Ersten Weltkrieg keine schlimmeren Gefangenenlager als die westsibirischen „Erdbaracken", tief in den feuchten Lehm gegrabene Höhlen wie Gräber, dunkel und stickig. „Kranke und Gesunde lagen so dicht durcheinander, dass man in den Gängen über die Körper steigen musste", berichtete eine schwedische Rotkreuzschwester entsetzt. „Von den Eiszapfen an der Decke tropfte das Wasser, so dass die Pritschen immer nass waren. Das Essen wurde neben die Kranken gestellt. Wer noch Kraft hatte, aß. Die anderen hungerten."

„Tage vergingen, an denen es nicht einen Tropfen Wasser gab. Schwerkranke schleppten sich mit letzter Kraft hinaus, um ihren brennenden Durst mit Schnee zu löschen. Die Kosaken schlugen sie oder trieben sie in die Baracken zurück. Während der Schneeschmelze sah man Kranke und Gesunde gierig das Wasser trinken, das gelb von Menschenkot von den Latrinen her floss.
Die Toten wurden aufgestapelt. Derselbe Wagen, der die Leichen zum Massengrab führte, holte das Fleisch für die Küche." [5]

Die Beobachterin, die mit ihrer nüchternen Reportage einen Bestseller landete, hieß Elsa Brändström. Ihr ging es freilich nicht um literarischen Erfolg, sondern darum, miserable Lebensbedingungen zu verändern.

Die 1888 in St. Petersburg geborene und in Schweden aufgewachsene Tochter eines Militärattachés hatte als junges Mädchen nur glanzvolle Bälle und Opernabende, Schlittenpartien und Bridge-Turniere gekannt. Als sie zwanzig war, kehrte der Vater als schwedischer Gesandter nach Russland zurück. Die Mutter starb; Elsa übernahm zu Hause die Repräsentationsrolle, empfing Politiker, Diplomaten, Künstler.

Elsa, hochgewachsen, mit blonder Mähne und stählernen Augen, trat sehr selbstsicher auf. Man hatte sie so frei erzogen wie ihre Brüder, sie durfte rodeln, klettern – und sogar „ihre Meinung sagen und beim Essen reden", wie ihre Schulkameradinnen voller Neid feststellten.

Diese entsetzlich langweiligen Tanzabende

Das seichte Geschwätz auf den Tanzabenden wurde ihr bald langweilig. Elsa beobachtete genau die himmelschreienden Ungerechtigkeiten in der russischen Gesellschaft, die bald darauf, 1917, zur Revolution führen sollten. Im Nikolaihospital von St. Petersburg sah sie deutsche Kriegsgefangene: In Güterwaggons sollten sie ins eisige Sibirien transportiert werden, ohne Mäntel, Mützen und Handschuhe.

Das erschien ihr wie ein Wink des Schicksals: Tu endlich etwas! Die Diplomatentochter ließ sich zur Schwesternhelferin ausbilden und reiste gegen den Widerstand sämtlicher Verwandten und Freunde – die eine unglückliche Liebe zu irgendeinem Gefangenen vermuteten – 1915 nach Sibirien.

Sie wollte es nicht so machen wie manche Damen der russischen Gesellschaft, die in einer Aufwallung von Mitleid durch die Lazarette eilten, den Verwundeten die schweißnasse Stirn trockneten und bald wieder nach Hause flohen. Elsa blieb fünf Jahre. Als offizielle Delegierte des Schwedischen Roten Kreuzes verschaffte sie sich Zugang zu den Erdbaracken, verhandelte mit mürrischen Lagerkommandanten, bombardierte die Behörden mit durchdachten Vorschlägen.

Es bleibt ein Rätsel, wie die Einzelkämpferin aus Schweden allein durch ihr couragiertes Auftreten eine Änderung der Zustände erreichen konnte. Oft gelang es ihr, die Elendsgestalten aus ihren Erdbaracken in eine leer stehende Kaserne mit trockenen Räumen zu bringen – wo es freilich ebenso an Medikamenten und Verbandsmaterial, an Betten und ausgebildetem Personal fehlte. Die Ärzte operierten nicht selten mit Taschenmessern. Diphtheriekranke lagen trotz der Ansteckungsgefahr mitten unter den übrigen Patienten, auf Strohsäcken und Holzgestellen.

Elsa Brändström marschierte mit peinlich berührten russischen Generälen durch die Baracken, stellte unerbittlich Fragen, machte sich Notizen. Und siehe da, häufig wurden schon am Tag darauf plötzlich die Abortgruben mit Chlorkalk gereinigt, Küchen und Korridore gekehrt, eigene Abteilungen für Schwerkranke geschaffen. Im Lager Krasnojarsk, wo bisher vier von fünf Patienten gestorben waren, sank die Todesrate auf 18 Prozent.

Nicht selten stieß sie auf brutale Zyniker, denen das Schicksal der Gefangenen völlig egal war. Einmal saß ihr so ein russischer General gegenüber, zuckte grinsend die Achseln und sagte: „Was wollen Sie, Madame? *C'est la guerre*, das ist der Krieg!" Da platzte Elsa der Kragen. Sie schlug mit der Faust auf den Tisch und schrie: „Das ist nicht der Krieg, Herr General, das ist eine Schweinerei!"

Ein „Engel" wollte sie nicht sein

Die Brändström und ihre Freundinnen brachten das Rote Kreuz dazu, in Deutschland, Österreich, Schweden warme Wäsche, Decken und Geld für die Gefangenen zu sammeln. Bald konnten kleine Speziallazarette eingerichtet werden. Entlang der Transsibirischen Bahnstrecke entstand eine lange Kette von Stützpunkten mit gut ausgebildeten Helfern. Elsa achtete genau darauf, nicht bloß am einen oder anderen Brennpunkt der Not eine flotte Hilfsaktion zu organisieren, deren Wirkung über Nacht verpuffen musste.

So herrisch sie Kommandanten und Generälen gegenüber auftreten konnte, so liebevoll wendete sie sich den Kranken und Sterbenden zu. „Wenn sie ins Zimmer trat, dann war es, als ob jemand eine Kerze angezündet hätte", erinnerte sich ein Häftling. Den Ehrentitel, den man ihr verlieh, hasste die unsentimentale Kämpferin freilich wie die Pest: „Engel von Sibirien". Sie wollte bessere Lebensbedingungen schaffen helfen, keine romantischen Stimmungen erzeugen. In einem Brief an ihre Tochter schrieb sie:

> „Ich sehne mich so nach dem Leben. Ich möchte am liebsten von vorn anfangen. Ich würde am liebsten allen jungen Menschen sagen: Habt vor nichts Angst. Das Leben ist aufregender, schöner und kraftvoller, als Ihr Euch vorstellen könnt. Wir aber sind viel stärker, als wir glauben."

Angst vor Ansteckung kannte sie nicht. Schon bald erkrankte sie selbst an Flecktyphus und wäre beinahe gestorben, weil sich zunächst kein Lazarett fand, das die lästige Mahnerin aufnehmen wollte. Wieder daheim in Schweden, veröffentlichte sie ihr Buch und machte die Not der nach dem Krieg in Sibirien verbliebenen mehr als 150 000 Kriegsgefangenen publik: Hunger, erfrorene Glieder, elendes Sterben.

Die Nazis wurden auf die von den Menschen vergötterte, wie die blonde Germanin aus dem Bilderbuch wirkende Frau aufmerksam, die praktischerweise 1929 auch noch den Dresdener Pädagogik-Professor Robert Ulich geheiratet und die deutsche

Staatsangehörigkeit erworben hatte. Hitler höchstpersönlich bat sie um einen Besuch in der Staatskanzlei. Die Brändström soll mit einem Telegramm geantwortet haben, auf dem nur ein Wort stand: „Nein."

Mit ihrem Mann wanderte sie nach Amerika aus, half dort Flüchtlingen, besorgte Bürgschaften, Wohnungen und Jobs. Beide waren Weltbürger, beide hatten die Nase voll von den schwachsinnigen Rassentheorien der Nazis und von ihrem Terror gegen Andersdenkende.

Um Emigranten eine erste Arbeitsmöglichkeit zu verschaffen, richtete Elsa Brändström in Cambridge/Massachusetts, wo ihr Mann an der Harvard University eine Gastprofessur erhalten hatte, einen Geschenkeladen mit einem Café ein. Sie selbst machte sich dort als Kellnerin und Küchenhilfe nützlich. Als der Zweite Weltkrieg vorbei war, setzte sie sofort wieder ihr bewährtes Talent ein und organisierte die ersten Lebensmittelpakete für die hungernden Deutschen.

Am 4. März 1948 ist sie 59-jährig gestorben, an Krebs.

Da brennt ein Mensch!

Oskar Brüsewitz, Pastor und Widerständler in
der DDR (1929–1976)

Am 18. August 1976 spielt sich in der Fußgängerzone des DDR-Städtchens Zeitz (Sachsen-Anhalt) eine gespenstische Szene ab: Ein hagerer Mann im Talar steigt aus seinem Kleinwagen und baut auf dem Dachgepäckträger Transparente auf. Passanten bleiben stehen, aus den Geschäften kommen die Verkäuferinnen, ein Volkspolizist nähert sich, bereit zum Einschreiten.

Da holt der merkwürdige Demonstrant eine 20-Liter-Milchkanne aus dem Auto, übergießt sich mit dem Inhalt – es ist Benzin –, reißt ein Streichholz an. Sofort schlagen drei Meter hohe Flammen an ihm hoch, schreiend läuft er über die Straße, der Volkspolizist setzt ihm nach, versucht, ihm den brennenden Talar vom Körper zu reißen.

Schnell sind auch andere Helfer zur Stelle. Ein Soldat der Nationalen Volksarmee springt von seinem Motorrad und stellt dem lichterloh brennenden Mann ein Bein, ein Busfahrer rennt mit einer Decke herbei, die beiden wälzen den halb Bewusstlosen auf dem Boden, um die Flammen zu ersticken, doch auch die Decke fängt Feuer. Als es endlich gelingt, den Brand zu löschen, hat Pfarrer Oskar Brüsewitz, 47 Jahre alt, schlimmste Verletzungen erlitten. Vier Tage später, am 22. August, stirbt er im Bezirkskrankenhaus Halle-Dölau.

Die Anzeige des Volkspolizei-Kreisamts hat sich damit erledigt: „Durch Aufbau von Transparenten […] und anschließendes Übergießen mit Benzin und Anbrennen seiner Person" habe sich Brüsewitz der „staatsfeindlichen Hetze" schuldig gemacht.

Neonkreuz und Pferdefuhrwerk

Seine Witwe Christa Brüsewitz sieht es anders: „Mein Mann hat nur das Evangelium gepredigt." Ein Zeichen habe er setzen wollen. Amtsbrüder erinnern an die Selbstverbrennung des zwanzigjährigen tschechischen Studenten Jan Palach im Januar 1969 auf dem Prager Wenzelsplatz, wo russische Panzer den Versuch eines Sozialismus mit menschlichem Gesicht niedergewalzt hatten. Vom „Prager Frühling" hatte man hoffnungsvoll gesprochen. Aber Truppen des Warschauer Pakts machten den Liberalisierungsansätzen in Partei, Wirtschaft und Gesellschaft brutal ein Ende.

Seinen Kollegen im Pfarrkonvent hat Brüsewitz einen Abschiedsbrief hinterlassen, aus dem hervorgeht, dass er wusste, was er den Mitchristen zumutete, aber auf seinem Weg nicht mehr zurückkonnte.

> *„Es ist mir sehr schmerzlich, Euch allen die Schande zuzumuten. Ich habe mich zu dieser Tat langsam durchgerungen. Nach meinem Leben habe ich es nicht verdient, zu den Auserwählten zu gehören. Meine Vergangenheit ist des Ruhmes nicht wert. Um so mehr freue ich mich, dass mein Herr und König und General mich zu den geliebten Zeugen berufen hat. Obwohl der scheinbar tiefe Friede Zukunft versprechend ist, tobt zwischen Licht und Finsternis ein mächtiger Krieg. Wahrheit und Lüge stehen nebeneinander. [...] In wenigen Stunden will ich erfahren, soll ich erfahren, dass mein Erlöser lebt."* [6]

Die Staatsmacht mit Fantasie, Mut und manchmal auch grimmigem Humor zu provozieren, dafür hatte der auf verschlungenen Wegen zu seinem Pfarramt gekommene Oskar Brüsewitz (geboren 1929 in Willkischken im heutigen Litauen) immer schon ein besonderes Talent bewiesen. Der gelernte Schuhmacher richtete sich seine Werkstatt in einem ausrangierten Eisenbahnwaggon ein; in der anderen Wagenhälfte führte er seelsorgliche Gespräche. Er gestaltete hochinteressante Kindergottesdienste, pflanzte auf einem gepachteten Grundstück unübersehbar ein Schild „Evangelischer Jugendspielplatz" auf, brachte – als er mit 40 Jahren endlich Pfarrer auf Probe geworden war – am Kirchturm seiner Gemeinde Rippicha in 20 Meter Höhe ein weithin leuchtendes Kreuz aus Neonröhren an.

Der Kreisrat verlangte auf Intervention von SED und Staatssicherheit, das Kreuz sofort zu entfernen; es lenke die Autofahrer ab und verschwende unmäßig Energie. Worauf Brüsewitz seelenruhig erklärte, er habe zum Ausgleich Glühbirnen im Pfarramt herausgeschraubt. Im Übrigen: „Solange der Sowjetstern überall leuchtet, bleibt auch mein Kreuz!"

1975 lockte die Sozialistische Einheitspartei Deutschlands (SED) mit dem Slogan „Ohne Gott und Sonnenschein bringen wir die Ernte ein" zur Ernteschlacht. Brüsewitz rüstete daraufhin ein Pferdefuhrwerk mit dem Transparent aus „Ohne Regen, ohne Gott geht die ganze Welt bankrott" und fuhr damit in die Kreisstadt.

Sein Widerstand richtete sich nicht nur gegen den staatlich verordneten plumpen Atheismus, sondern gegen die massiven Benachteiligungen bekennender Christen in Schule und Berufsausbildung. Seine älteste Tochter erreichte den besten Schulabschluss im Kreis Zeitz, durfte aber nicht in die Erweiterte Oberschule übertreten, um dort Abitur zu machen, sondern bekam von der Partei eine Lehre als Gleisbauarbeiterin angeboten.

 Stationen eines Konflikts

1952/53, auf dem Höhepunkt atheistischer Propaganda, warf die SED zahllose kirchlich engagierte Jugendliche aus den Oberschulen, manche landeten sogar im Gefängnis. Weil sich unerwartet starker Widerstand erhob und viele der Rausgeworfenen in den Westen gingen (was damals noch möglich war), musste die Regierung ihre Maßnahmen teils rückgängig machen – und für die zahlreichen Wehrdienstverweigerer mit christlicher Motivation einen „Bausoldatendienst" als Alternative einführen.

Erfolgreich war dagegen die Idee der SED, die kirchliche Konfirmation oder Firmung mit der sozialistischen „Jugendweihe" auszuhebeln – auch eine schöne Familienfeier mit Geschenken und dem Anspruch, ab sofort als junger Erwachsener behandelt und mit „Sie" angesprochen zu werden.

In den siebziger Jahren kam es allmählich zu einem Burgfrieden zwischen Kirche und Staat: Die Behörden erkannten – wenigstens auf dem Papier – die Eigenständigkeit der Kirche an und ermöglichten ihr gesellschaftliches Engagement; die Kirche akzeptierte, keineswegs immer unkritisch, den sozialistischen Staat. In der Praxis hatten Christen freilich weiterhin mit Benachteiligungen zu kämpfen. Jugendliche, die der „Jungen Gemeinde" angehörten und den Religionsunterricht besuchten, mussten besonders gute schulische Leistungen vorweisen, um in die engere Auswahl für die Erweiterte Oberschule oder gar für einen Uni-Studienplatz zu kommen.

Auf die Unterstützung seiner Kirchenoberen konnte der rebellische Pfarrer nicht zählen; von geschmeidiger Anpassung versprachen sie sich mehr als vom offenen Konflikt. Und die Anhänger einer zaghaften Liberalisierung in der Partei wollte man nicht verprellen. Kurz vor dem Fanal vor der Michaeliskirche hatte man dem Pastor nahegelegt, sich versetzen zu lassen. „Wir können der Tat unseres Bruders nicht zustimmen", ließ die Kirchenleitung in Magdeburg erklären, als Brüsewitz noch im Krankenhaus mit dem Tod rang und die Partei verbreiten ließ, es handle sich um einen „krankhaft veranlagten" Menschen mit „Wahnvorstellungen".

Zur Beerdigung in Rippicha kamen dennoch Hunderte von Christen, darunter viele Pfarrer, aus der ganzen DDR – und Dutzende von Stasi-Spitzeln und Volkspolizisten mit Fotoapparaten. Im Einsatzplan der Staatssicherheit war angeblich sogar ein Posaunenchor vorgesehen, um mögliche Sympathiekundgebungen für den lästigen Toten zu übertönen.

Als sich Oskar Brüsewitz am Morgen jenes 18. August 1976 vorbereitete, mit seinen Transparenten und der benzingefüllten Milchkanne nach Zeitz zu fahren, hatte er seiner Familie noch einmal liebevoll den Frühstückstisch gedeckt. Er schmückte ihn mit frisch geschnittenen langstieligen Rosen aus dem Garten. Seine Tochter Esther bat er, ihm auf dem Klavier sein Lieblingslied vorzuspielen:

„So nimm denn meine Hände und führe mich
bis an mein selig Ende und ewiglich.
Ich mag allein nicht gehen, nicht einen Schritt:
wo du wirst gehen und stehen, da nimm mich mit."

Sozialarbeit mit Sozis und ledigen Müttern

Hildegard Burjan, österreichische Politikerin
(1883–1933)

Als sie im Oktober 1920 aus der Nationalversammlung ausschied, die der jungen Republik Österreich ihre Verfassung gab, küsste ihr der Sprecher der Sozialdemokraten, Dr. Julius Tandler, galant die Hand: Wenn man den Weggang einer politischen Gegnerin – sie vertrat die Christsozialen im Parlament – bedauere, klinge das immer ein bisschen heuchlerisch, aber diesmal sei es „echt gemeint".

In der Tat hatte sich Dr. Hildegard Burjan mit ihrem leidenschaftlichen Engagement für Frauen- und Arbeiterrechte längst einen Ruf als soziales Gewissen des Parlaments erworben. Sie kämpfte für ein breites Bildungsangebot für Mädchen, für Mütterschutz und Sonntagsruhe im Handel, für weibliche Schulinspektorinnen und die Umwandlung von Villen und Schlössern in Erholungsstätten für kranke Arbeiter und Mittelständler – wobei sie solche Projekte nicht selten gemeinsam mit den „Sozis" gegen die konservativen Deutschnationalen verteidigte.

1883 in einer jüdischen Familie in Görlitz an der Neiße geboren, gehörte Hildegard Freund, wie sie mit ihrem Mädchennamen hieß, zu den ersten Studentinnen in Zürich und Berlin, als dort das Frauenstudium ermöglicht wurde. Ihre Fächer waren Germanistik, Philosophie, Sozialpolitik und Volkswirtschaft.

Sie heiratete den Ungarn Alexander Burjan, bekam eine Tochter, trat nach einer schweren Krankheit und der Begegnung mit faszinierenden Ordensschwestern in die katholische Kirche ein und ging nach Wien, wo sie 1912 den *Verband der christlichen Heimarbeiterinnen* und 1918 einen Verein *Soziale Hilfe* gründete: Bildungsangebote, Krankengeld und Rechtsschutz für die von Wäschefirmen ausgebeuteten Näherinnen und Stickerinnen.

Frauenstudium

Im 19. Jahrhundert wurde in der akademischen Welt sehr ernsthaft darüber gestritten, ob Mädchen von ihrer Gehirnstruktur und körperlichen Konstitution her überhaupt für ein Studium geeignet seien. Den Zugang zu den Universitäten mussten sich Frauen mühsam erkämpfen. Die medizinische Promotion von Marianne Theodore Charlotte Heidenreich von Siebold 1817 in Gießen – mit einer Arbeit über Bauchhöhlenschwangerschaften – oder die philosophische Ehrendoktorwürde für die Schriftstellerin Daniel Jeanne Wyttenbach 1827 in Marburg waren allgemein bestaunte Ausnahmen.

Nachdem aber die Universität Zürich seit 1840 Gasthörerinnen zugelassen und die Universität London 1849 ein Frauencollege eingerichtet hatte, öffneten sich die Hochschulen in ganz Europa allmählich für das Frauenstudium. Nur Preußen und Österreich-Ungarn sperrten sich; noch 1888 scheiterte der Allgemeine Deutsche Frauenverein mit einer Petition an das Preußische Abgeordnetenhaus, Frauen zum Medizinstudium und zur Lehrerinnenausbildung zuzulassen.

„Sie hat eine besondere Fähigkeit entwickelt, die Not zu entdecken", sagt ein Zeithistoriker über sie, „die Not zu suchen, sich der Schwachen und der Randgruppen anzunehmen." Um junge Streunerinnen kümmerte sie sich genauso aufmerksam wie um Angehörige des Mittelstands, die wirtschaftlich Schiffbruch erlitten hatten. Der Ausbau der österreichischen Bahnhofsmission geht auf ihr Konto. Und ihr wurde immer klarer, dass es nicht nur um punktuelle Hilfen in dem oder jedem Fall gehen konnte, sondern um die Veränderung der gesellschaftlichen Rahmenbedingungen. Auf dem „Christlichen Arbeiterkongress" 1918 forderte sie gerechte Löhne sowie das Stimmrecht und Wahlrecht für Frauen.

Die erste Frau im Gemeinderat

Nach dem Ersten Weltkrieg zog sie als erste Frau für die Christlichsoziale Partei in den Wiener Gemeinderat ein und bald darauf auch in die Nationalversammlung. Sie kämpfte für die Schaffung weiblicher Referentinnenstellen im Staatsamt für Inneres und Unterricht, für die Zulassung von Frauen an der Wiener Kunstakademie, für die Umwandlung von Villen und Schlössern, die in Staatsbesitz übergegangen waren, in Erholungsheime.

Die von ihr 1919 gegründete Schwesterngemeinschaft *Caritas Socialis* verstand sich als beweglicher Stoßtrupp, um an den Brennpunkten sozialer Not Hilfe leisten zu können: Ledige Mütter, geschlechtskranke Mädchen, obdachlose Frauen.

> *„Vielleicht haben wir uns deshalb zu der freieren Form und dem Fehlen von Bindungen entschlossen, weil wir besonders großen Wert darauf legen, dass die in der sozialen Arbeit tätigen Menschen nicht weltfremd sind, sondern durch stetige Verbindung mit dem Leben der ärmsten Schichten diese immer besser begreifen lernen und immer feinhöriger für ihre Bedürfnisse werden.*
>
> *Das müsste ein Merkmal sein, dass man nicht von vornherein fest umschreibt: Das wird gemacht, und es muss die oder jene Richtung eingehalten werden. Wir müssen nur auf das gerichtet sein, welche Not gerade vorhanden ist, welche ein anderer gar nicht erfasst und welche wir wirklich zu lindern imstande sind.“* [7]

In Wien richteten die Schwestern einen Hort für kleine Ausreißer und Kinder von straffällig gewordenen Eltern ein, mit Spielplatz und Werkstatt, in Hütteldorf entstand das erste Mutter-Kind-Heim für ledige Mütter, in Graz arbeiteten sie in der Trinkerfürsorge und in der Krisenintervention für Selbstmordgefährdete.

Biedere Katholiken und wütende Antisemiten fanden das unmöglich und legten den Sozialarbeiterinnen Steine in den Weg, wo sie nur konnten. Hildegard Burjans Parteivorsitzender Leopold Kunschak, ein Judenhasser von geringen Geistesgaben, hatte seine Stellvertreterin ohnehin nie verstanden. In der Broschüre *Zur Frauenfrage* behauptete er, die Erwerbstätigkeit der Frau stehe ihrer natürlichen Berufung entgegen und mache nicht nur den Männern Konkurrenz, sondern drücke allgemein die Löhne.

Am 12. März 1919 war Hildegard Burjan in die Verfassunggebende Nationalversammlung gewählt worden; als im Oktober 1920 Neuwahlen anstanden, trat sie nicht mehr an. Sie hatte die Frauenfeindlichkeit und den Antisemitismus in ihren konservativen Kreisen gründlich satt. Ihr parteiinterner Rivale um die Kandidatur im 12. Wiener Bezirk, der Heeresminister Vaugoin, hatte öffentlich erklärt, er lasse sich nicht von einer „preußischen Sau-Jüdin" verdrängen. Dass die Burjan im Wiener Kardinal Friedrich Gustav Piffl einen mächtigen Bundesgenossen hatte, machte manches einfacher, änderte aber nichts an ihrer Enttäuschung.

Am 11. Juni 1933 starb sie in Wien. Die von ihr gegründete *Caritas Socialis* führt heute Pflegeheime und Hospizeinrichtungen und bildet Frauen in sozialen Berufen aus.

„Mein Engel, lauf in die Hölle!"

Hélder Câmara, brasilianischer Bischof
(1909–1999)

Irgendwann einmal verhängte die Polizeiabteilung des brasilianischen Justizministeriums eine Nachrichtensperre: Schon die bloße Nennung des Namens Hélder Câmara in Presse, Rundfunk und Fernsehen war strafbar. Aber der Erzbischof von Recife, von den Reichen und Mächtigen als „Kommunist" und „Teufel" beschimpft, ließ sich nicht beeindrucken.

Das Elend auf der Erde sei eine Beleidigung des guten Gottes, stellte er fest und fuhr fort, Ausbeutung, ungleiche Verteilung der Güter, Folter und Unterdrückung öffentlich an den Pranger zu stellen: im Namen Jesu Christi, der „die unterentwickelte Welt auf den Schultern trägt", wie er sagte.

Recife gilt immer noch als „Hauptstadt des Elends". 1964, als Câmara sein Amt übernahm, waren 60 Prozent der Menschen ohne Arbeit, lebten 80.000 Frauen, Mädchen, Kinder in den Slums von der Prostitution. Pulsierendes Leben in den Geschäftszentren, über den Flussmündungen auf wackligen Pfählen erbaute endlose Slums, die hier *Mocambos* heißen. Immer wieder stieg der Erzbischof hinunter zu den dicht gedrängten Wellblechhütten der Ärmsten, wo die Kinder hungern und die Kranken unbeachtet sterben.

Bildungsprogramme statt Prozessionen

Im armen brasilianischen Nordosten, in Fortaleza, kam Hélder Câmara 1909 zur Welt, als Sohn eines chronisch unterbezahlten Buchhalters und Theaterkritikers. Daheim, so erinnerte sich Hélder später, herrschte „diskrete Armut". Als er einmal den verhassten *okara*, einen Brei aus Sojabohnen, ablehnte, tadelte ihn die Mutter

Brasilien: Armut, Drogenmafia, Bandenkriege, zerstörter Regenwald

Das bevölkerungsreichste Land Südamerikas (bald 200 Millionen Einwohner) ist auch heute noch von politischen Krisen geschüttelt und von sozialen Unterschieden zerrissen. Wirtschaftliche Erfolge kommen in der Regel nur einzelnen Regionen und Schichten zugute. Brasilien ist vom Auslandskapital abhängig (zeitweise hatte das Land weltweit die höchsten Schulden), ebenso wie die Bevölkerung von wenigen Grund- und Fabrikherren. Die Arbeitslosigkeit hat sich in den letzten Jahren verringert und die Situation der kinderreichen Familien leicht verbessert. Aber immer noch lebt jeder fünfte Brasilianer in bitterer Armut, hat ein Superreicher so viel Geld zur Verfügung wie 50 Arme zusammen.

Kapitalgesellschaften stürzen sich auf das fruchtbare Land und vertreiben Bauern und Landarbeiter, die ihren Boden über Jahrzehnte hinweg bebaut haben, aber keine Papiere besitzen. Die Vertriebenen flüchten sich in die Städte und vergrößern dort die Elendsviertel, wo jedes zweite Neugeborene noch im ersten Lebensjahr stirbt.

Sao Paolo und Rio de Janeiro gelten als größte Drogenumschlagplätze Lateinamerikas. Die Folgen: Bandenkämpfe, Raubüberfälle, Entführungen (in den letzten Jahren etwa in den Familien der prominenten Fußballer Robinho und Romário), mehr als 150 Morde pro Tag. Die Polizisten sind schlecht bezahlt und oft korrupt, genau wie viele Politiker. Millionen Straßenkinder schlagen sich als Schuhputzer und Bettler durch, klauen, jobben als Drogenkuriere, werden von Zuhältern auf den Strich geschickt.

Und am Amazonas stirbt der Regenwald, weil arme Anwohner und ausländische Konzerne mit dem Tropenholz Geschäfte machen: In einem einzigen Jahr wurden 26 130 Quadratkilometer Regenwald vernichtet, was beinahe der Fläche des Bundeslandes Brandenburg entspricht.

– eine Volksschullehrerin – lächelnd: „Hélder, das Mögen und Nichtmögen ist ein Luxus, den sich nur die Reichen leisten können!"

Über die soziale Wirklichkeit und ihre Ursachen hörte Hélder im Priesterseminar von Fortaleza freilich kein Wort. Stattdessen fiel er wegen seiner Neigung zum eigenständigen Denken auf und bekam Urlaubssperre, weil er sich nicht an das Stillschweigen auf den Gängen hielt.

Mit nicht ganz 23 Jahren zum Priester geweiht, wurde er zunächst in der Studenten- und Arbeiterseelsorge eingesetzt. Später berief man ihn zum Erziehungsminister im Bundesstaat Ceará, zum Leiter eines pädagogischen Forschungsteams und Weihbischof in Rio de Janeiro. Hier startete er ein groß angelegtes Programm zum Bau von Wohnblocks, Schulen und Kindergärten, mit flankierenden Berufsschulkursen und Erziehungsberatung.

> *„Welche Freude, zu sehen, dass Gott wahrlich nicht egoistisch ist. Wie der Schöpfer und Vater sich freut, aus dem Menschen einen Mit-Schöpfer zu machen, so will der Gottessohn, der Erlöser des Menschen und des Universums, uns zu Mit-Befreiern!"* [8]

Man musste den Menschen helfen, ihre Lage zu erkennen und sich selbst zu befreien. Statt in der Dürrezeit Prozessionen um Regen zu veranstalten, sollte die Kirche die Tücke der Natur als Herausforderung an Intelligenz und Organisationstalent der Menschen begreifen, predigte der Weihbischof und stampfte mit guten Mitarbeitern die „Bewegung für Basiserziehung" aus dem Boden: Auf dem Weg über 20.000 Radioempfänger und ein Lehrbuch mit dem Titel *Leben heißt kämpfen* brachte die von den Bischöfen organisierte und von der Regierung finanzierte Aktion 190.000 Analphabeten nicht nur das Lesen und Schreiben bei, sondern auch eine neue Sicht der Realität, die den Mächtigen bald höchst gefährlich erschien: Nach einem Militärputsch wurde das Lesebuch beschlagnahmt.

Wortführer der „Kirche der Armen"

Auf dem Zweiten Vatikanischen Konzil (1962–1965), als sich 2500 Bischöfe aus aller Welt in Rom versammelten, um über den Kurs der katholischen Kirche zu diskutieren, ergriff Hélder Câmara kein einziges Mal das Wort. Hinter den Kulissen war er allerdings so aktiv, dass ein Kenner der römischen Szene meint, er sei vielleicht der einflussreichste Konzilsteilnehmer überhaupt gewesen. Vor Theologen und Kardinälen, auf Pressekonferenzen und in Vorträgen entwickelte er unermüdlich seine

Forderungen für eine „Kirche der Armen". 1964 wurde der Fünfundfünfzigjährige zum Erzbischof von Olinda-Recife ernannt.

Gleich in seiner Begrüßungsrede auf dem Flughafen der 1,2-Millionen-Stadt bekannte er seine parteiische Liebe zu den Armen und Getretenen, denn danach werde Christus jeden richten. Nachdem er mit anderen Bischöfen des Nordostens ein Dokument gegen die ausbeuterische Wirtschaftsordnung Brasiliens veröffentlicht hatte, das den politischen Einfluss des Kapitals verurteilte und eine Teilhabe des armen Volkes an Kultur und Lebensstandard forderte, drang eine Horde Soldaten in Câmaras Amtssitz ein und bedrohte den Erzbischof.

Der ließ sich jedoch nicht einschüchtern. Als die Kautschuk-Fabriken von Recife ihre Abwässer immer ungehemmter in die Flüsse leiteten und ein katastrophales Fischsterben die Existenz vieler armer Fischer zu ruinieren drohte, führte sie Câmara in einer „Prozession" – eine Demonstration wäre von den Behörden nicht geduldet worden – zu den von Polizisten mit Maschinenpistolen bewachten Fabriken und setzte durch, dass die Unternehmer Filteranlagen einbauten.

Câmaras größtes Kapital war seine Glaubwürdigkeit. Gleich beim Amtsantritt vertauschte er das Marmorpalais, in dem die Oberhirten von Recife zu residieren pflegten, gegen eine umgebaute Sakristei mit drei Zimmerchen. Er fuhr per Anhalter zu seinem Amtssitz, wenn er Mitarbeiter und Hilfesuchende treffen wollte, lief in einer abgenutzten Soutane mit einem einfachen Holzkreuz herum und vergaß den Bischofsring meistens zu Hause.

Und damit die Gerechtigkeitspredigten an die Adressen der Politiker und Großgrundbesitzer nur ja nicht nach Anmaßung klangen, redete Hélder noch lieber den Glaubensbrüdern und der eigenen Kirche ins Gewissen. Die reiche Minderheit auf der Welt bestehe vorwiegend aus Christen und sei mitverantwortlich für Hass und Gewalt.

Weil Gott mit dem kleinen David ist

Es erscheint nur logisch, dass ein Mann mit einer so offenen Sprache zum Symbol wurde. An seine Haustür, die Einschüsse von Maschinengewehren und Handgranaten zeigt, schrieben fanatische Gegner die Parole „Tod dem roten Bischof!" Seinen Jugend- und Studentenseelsorger schleiften sie durch die Straßen von Recife zu Tode, bis nur noch Fleischfetzen von ihm übrig waren. Er solle endlich aufhören mit seinen Anklagen, las Hélder Câmara immer wieder in der regierungsfreundlichen Presse.

Einmal haben sie ihm sogar einen Killer geschickt, einen schlichten Menschen, der ihn mit den Worten verließ: „Nein, ich kann Sie nicht töten, Sie sind einer von Gottes Leuten!"

> *„Hilf den Jungen! (…) Sie sind Meister des Enthusiasmus und der Hoffnung. Sie dürsten danach, in einer Welt ohne Untermenschen und Übermenschen zu leben. (…) Die Welt hat ihn nötig, diesen wunderbaren Reichtum, der Jugend heißt. (…) Lass kein leichtes Leben die jungen Menschen verderben, lass keine Schwierigkeit sie entmutigen. Und lass sie vor der schlimmsten Gefahr gefeit sein: vor der Gefahr, sich einzurichten, das Feuer zu verlieren, im Innern schon alt, nur noch äußerlich jung zu sein."* [9]

Was trieb diesen schmächtigen, kleinen Priester, der aussah, als könnte ihn ein kräftiger Windstoß umpusten, dazu, den Mächtigen ins Angesicht zu widerstehen? Gott trieb ihn, der ihm keine Ruhe ließ in den langen Nachtgesprächen. Seine tiefe spirituelle Prägung passte überhaupt nicht zum Bild eines hitzköpfigen Volksaufwieglers. Ziel aller Entwicklungsarbeit war ihm das „Leben in Fülle", das Christus bringt, aus dem er in diesen Nachtwachen schöpfte.

Er weiß, dass er gegen eine Elendslawine kämpft wie der kleine David gegen den Superman Goliath. Aber er weiß auch, dass Gott mit dem Winzling David war. Und er sieht überall auf dem Globus Hoffnungszeichen entstehen: aktive, bewusste Minderheiten, die bereit sind, sich in Bewegung zu setzen für eine gerechtere, menschlichere Welt.

Die fromme Radikale

Dorothy Day, Journalistin und
Gewerkschafterin (1897–1980)

Noch als alte Dame war sie das schwarze Schaf des amerikanischen Katholizismus. Leute mit vaterländischem Pflichtgefühl beschlich ein Unbehagen, wenn sie zur Verweigerung von Militärsteuern aufrief oder die Politik der atomaren Aufrüstung als absolut unvereinbar mit dem Evangelium bekämpfte.

Aber dieselbe Dorothy Day vertrat hartnäckig die Überzeugung, soziales Elend, Erniedrigung, Angst und Krieg ließen sich nicht mit materiellen Mitteln und gesellschaftlichen Reformen bekämpfen, sondern nur mit – Heiligkeit! Als sie 1980 in New York starb, 83-jährig, hatte sich ihre Sehnsucht nach einer absoluten, grenzenlosen Liebe erfüllt, nach den „ewig tragenden" Armen Gottes, wie sie zu sagen pflegte. 83 erfüllte Lebensjahre lang hatte diese Frau für Menschenwürde und Menschenrechte gekämpft. Ganz konnten ihr die Menschen dennoch nie genügen.

Arbeiterelend und Boheme

In Bath Beach, Brooklyn, kam Dorothy Day 1897 zur Welt. Das verspielte, ungebärdige Mädchen konnte stundenlang in der Bibel lesen, aber es hatte Angst vor einem herrschsüchtigen, straflüsternen Gott: „Wenn ich eingeschlafen war, wurde Gott in meinen Ohren zu einem großen Getöse, das lauter und lauter wurde und immer näher kam, bis ich, vor Angst in Schweiß gebadet, verzweifelt nach meiner Mutter schrie."

Kein Wunder, dass Dorothy ihre unausgegorenen Gottesvorstellungen über Bord warf, sobald sie eine junge Dame geworden war und sich für die soziale Wirklichkeit zu interessieren begann. Gott wollte doch, dass die Menschen glücklich sein sollten – warum ließen die frommen Kirchenbesucher dann die Armen so schrecklich allein?

Die begabte Sechzehnjährige errang ein Stipendium, von Zeitungsverlegern ausgesetzt. An der Universität Illinois trat sie sogleich in die Sozialistische Partei ein. Das Stipendium war knapp bemessen, sie wusch und bügelte und nahm Jobs als Babysitterin an, um nicht hungern zu müssen. Gegen Zeilenhonorar schrieb sie in ihrem bitterkalten Zimmer Artikel für die Lokalzeitung – die regelmäßig in den Papierkorb flogen, wenn sie zu kritisch waren.

Nach zwei Jahren hatte Dorothy genug von den akademischen Problemen. Sie ging nach New York und wurde Journalistin beim sozialistischen *Call* („Der Ruf"). Sie schrieb über Protestkundgebungen, brutale Polizeieinsätze, Streikmeetings, Friedensaktivitäten, die den Kriegseintritt Amerikas verhindern sollten. Sie besuchte obdachlose Familien, wie sie zu Tausenden in New Yorker Notunterkünften zusammengepfercht waren. Sie ergriff Partei für den Zehnstundentag und gerechte Löhne. Damals war noch nicht einmal jeder zehnte amerikanische Arbeiter gewerkschaftlich organisiert.

Sie führte ein unstetes Leben in der Gesellschaft theaterbegeisterter Bohemiens, wechselte zu einer liberalen Zeitung über, trieb ziellos umher zwischen dem Wunsch, nach ihren eigenen Gesetzen zu leben, und der Sehnsucht nach einem Gegenüber, das ihre Liebe absolut verdiente und grenzenlos erwiderte. Dorothy: „Ich glaubte, wusste aber nicht, an was ich glaubte!"

Nach „durchgemachten" Nächten fand sie sich nicht selten in der Frühmesse wieder. Sie kniete irgendwo ganz hinten in der Kirche – „ohne zu wissen, was am Altar vorging, aber erwärmt und getröstet von den Lichtern und der Stille". Sie gestand sich allmählich ein Bedürfnis nach Anbetung ein, begann in der Schönheit der Natur den Schöpfer zu ahnen.

> „Wir beten um Liebe. Wir finden sie, und sie kommt in seltsamen Formen und auf seltsamen Wegen, und wir sind in Gefahr, sie stolz vorübergehen zu lassen oder nur uns selbst zu finden, nach Phantomen greifend. Für die Torheit der Liebe gibt es kein Ende. Hätten wir uns lieber nicht angemaßt, nach Liebe zu suchen! Gott mag uns beim Wort nehmen. Wir werden nicht wissen, was mit uns geschieht.
> Oh, wenn uns Gott nur überwältigen würde, dann lägen wir ruhig da und wüssten, dass darunter ewig tragende Arme sind."[10]

Ihr Kind nahm sie in stürmischer Freude als Geschenk Gottes an und scherte sich nicht darum, dass es unehelich geboren war. Und immer deutlicher näherte sie sich der Kirche. Dorothys politische Einstellung ließ sie den Wert einer Gemeinschaft schätzen. Die Kirche schien ihr voller Leben: Hatte sie nicht die Jahrhunderte überdauert?

Mit 30 Jahren empfing Dorothy Day die Taufe, immer noch ein wenig skeptisch, der eigenen Kraft misstrauend, aber entschlossen, das Abenteuer des Glaubens zu riskieren. Für sie hatte das immer mehr mit zäh bewahrter Treue zu tun als mit beschwingten Glücksgefühlen. Denn die quälenden Gewissensfragen ließen sie nicht los: War sie nicht ihrer Klasse und den Ausgebeuteten untreu geworden, übergelaufen zu einer Kirche, die den Reichen diente?

Es waren die harten Jahre der großen wirtschaftlichen Depression in Amerika. Hunderttausende verloren Arbeit und Wohnung. Der sogenannte „Hungermarsch", der Arbeitslose aus allen Teilen des Landes nach Washington führte, wurde für Dorothy Day zum Schlüsselerlebnis. Die Leute forderten Arbeitsplätze, Sozialgesetze, Arbeitslosenversicherung und Unterstützung für ihre hungernden Frauen und Kinder. In Washington erwarteten sie Polizeieinheiten mit Maschinengewehren.

Eine Zeitung für einen Cent

Zusammen mit Peter Maurin – einem gebürtigen Franzosen, einer Mischung aus Bauer, Landstreicher und Philosoph, der vor Leben und Ideen sprühte – gründete Dorothy Day damals den *Catholic Worker*, den „Katholischen Arbeiter". Die Zeitung kostete einen Cent, damit sie sich jeder leisten konnte. In den ersten beiden Jahren stieg die Auflage von 2.500 auf 150.000 Stück. Die Zeitung informierte über Kinderarbeit in den Fabriken, Farmerstreiks und Billiglöhne für Schwarze, schilderte die miserablen Arbeitsbedingungen von Restaurant-Angestellten und ging gegen den sich ausbreitenden Antisemitismus an. Den *Catholic Worker* gibt es übrigens heute noch, und er kostet noch immer einen Cent.

Bald war *Catholic Worker* nicht mehr nur der Name einer Zeitung, sondern einer Hilfsorganisation für hungernde Arbeitslose. Später erwuchs daraus der Zusammenschluss katholischer Arbeiter in den USA. „Häuser der Gastfreundschaft" entstanden. Essen und Schutz für in Not geratene Menschen – nur ein Tropfen auf den heißen Stein, aber eine Möglichkeit, praktisch etwas zu tun.

> *„Der Himmel ist ein Gastmahl, und so ist das Leben, selbst wenn wir nur eine Brotkruste haben, aber mit anderen vereint sind."*

Seite an Seite mit Kommunisten protestierten die *Workers* 1936 vor dem deutschen Konsulat in New York gegen die Judenverfolgung im Deutschen Reich. Und der

Catholic Worker rief seine Leser zum Boykott von Geschäften auf, die Hungerlöhne zahlten.

Die *Workers* lebten nicht selten von der Hand in den Mund, oft hatten sie gerade 100 Dollar auf der Bank, und dann passierten immer wieder einmal solche hässlichen Geschichten wie die mit der obdachlosen Familie, die nach einer Woche spurlos verschwand und alle Möbel mitnahm. Die Day ließ sich dadurch nicht beirren. Die Welt, davon war sie felsenfest überzeugt, werde durch Liebe verändert und nicht durch politische Programme.

Sie reiste durch halb Amerika, vierzig Jahre lang, sie redete in Schulen und Pfarrgemeinden, besuchte Streikende, half den vertriebenen Landpächtern in Arkansas, wo Versicherungsgesellschaften große Landstriche aufgekauft hatten. Besucher berichten, wie alle möglichen Leute in ihr Zimmer kamen, sich dort für eine Weile einquartierten und Sachen mitnahmen oder liegen ließen. Eine Privatsphäre brauchte sie anscheinend nicht.

Als der Zweite Weltkrieg vorüber war und die atomare Bedrohung immer beklemmender wurde, rückte der Pazifismus an die erste Stelle im Themenkatalog der *Workers*. Sie schockten das konservative Amerika, indem sie Luftschutzübungen störten, zum Steuerboykott aufriefen, Fastenaktionen für den Frieden organisierten und den Krieg als Mittel der Politik in Frage stellten. Noch als Greisin beteiligte sich Dorothy Day an Demonstrationen gegen den Vietnamkrieg – und wanderte dafür zum sechsten Mal in ihrem Leben ins Gefängnis.

Ansonsten führte sie in diesen letzten Jahren ein ruhiges Leben auf einer von armen Arbeitern bewohnten Farm in der Nähe von New York. Sie war ein Mensch der Anbetung geworden.

Am 29. November 1980 starb Dorothy Day, 83 Jahre alt. Beim Requiem, so berichtete die Zeitung *Newsweek*, „gab es keine Tränen, nur Hallelujas für ihr langes und leuchtendes Leben".

Gott sitzt in der letzten U-Bahn

Madeleine Delbrêl, Sozialarbeiterin und Schriftstellerin (1904–1964)

M it 15 Jahren", erinnert sie sich, „war ich strikt atheistisch und fand die Welt von Tag zu Tag absurder." Doch als sie mit sechzig starb, entdeckte man in ihr plötzlich das Modell eines Christen der Zukunft. Denn Madeleine Delbrêl brachte ganz unbefangen das ursprüngliche Evangelium in einer glaubenslosen Umgebung zum Leuchten, als Sozialarbeiterin in Ivry, der ersten kommunistisch verwalteten Stadt Frankreichs.

Sie wollte zeigen, wie sich der Glaube mitten im gottentfremdeten städtischen Milieu unserer Tage leben lässt, wie Christus in den skeptischen, nervösen Menschen auf den Großstadtstraßen erfahrbar wird und wie der ganz normale Alltag von der Gegenwart des Heiligen zu strahlen beginnt.

> „Du hast uns heute Nacht
> in dieses Café namens Mondschein geführt.
> Du wolltest dort einige Stunden in der Nacht
> du in uns sein.
> Durch unsere armselige Erscheinung,
> durch unsere kurzsichtigen Augen,
> durch unsere liebeleeren Herzen
> wolltest du all diesen Leuten begegnen,
> die gekommen sind, die Zeit totzuschlagen." [11]

Liturgie der Außenseiter heißt dieser Text von Madeleine Delbrêl. Typisch für sie war die Leidenschaft, Spuren Gottes im ganz gewöhnlichen Alltag zu suchen. „Weil unser Herz sich in deinem öffnet", heißt es in dem Gebet aus der Bar namens *Mondschein* weiter, entfalte sich die Liebe zu den hier zufällig versammelten Menschen wie eine Rose:

> *„Durch uns zieh alles zu dir.*
> *Zieh ihn zu dir, den alten Pianisten,*
> *der vergisst, wo er ist,*
> *den Gitarristen und den Akkordeonspieler,*
> *die Musik machen für Leute, die ihnen gleichgültig*
> *sind.*
> *Zieh ihn zu dir, jenen traurigen Mann,*
> *der uns seine sogenannten fröhlichen Geschichten*
> *erzählt;*
> *und auch diesen Trinker,*
> *der gerade die Treppe hinuntertaumelt […].*
> *Danach werden wir die letzte U-Bahn nehmen.*
> *Wir werden Leute finden, die dort schlafen.*
> *Leid und Sünde sind unentwirrbar in ihr Gesicht*
> *geprägt […].*
> *Und unser Herz wird immer weiter und immer schwerer*
> *von der Last vielfältiger Begegnung,*
> *immer schwerer von der Last deiner Liebe,*
> *unser Herz, das du gebildet und bevölkert hast*
> *mit unseren Brüdern, den Menschen."* [12]

Gott ist absurd, und der Tod zerstört alles

„Gott im 20. Jahrhundert war absurd", notierte die Studentin Madeleine grimmig, „unvereinbar mit einer gesunden Vernunft, er war unerträglich, weil nicht unterzubringen." Intellektuell hochbegabt, beginnt sie bereits mit sechzehn Jahren auf der *Sorbonne* Philosophie und Sozialwissenschaften zu studieren. Ihre kühle Selbstsicherheit kann sie freilich ebenso wenig befriedigen wie die Bewunderung eines großen Freundeskreises, frühe Liebeserfahrungen und beachtliche Erfolge ihres dichterischen Talents.

Sie glaubt zu wissen und fragt doch ständig weiter. Sie zerbricht sich den Kopf über den Sinn der menschlichen Existenz und der Weltgeschichte, dieser unheimlichen Farce, wie sie sagt. Am Ende kreist all ihr Grübeln um den unfassbaren Tod, der jedes Glück zerbricht, jedes Vertrauen in die Zukunft zerstört.

Als sie zwanzig ist, verabschiedet sie sich mit einem Schlag von dieser Tristesse. Niemand hat je erfahren, wie es zu der radikalen Kehrtwende kam. Vielleicht lag es daran, dass die von Gott und der Menschheit enttäuschte Atheistin nie aufhörte, nach einem Sinn zu fragen. Der Jemand, der den Sinn kannte, fiel wie ein Blitzstrahl in ihr Leben ein:

> *„Ich entschloss mich zu beten […]. Dann habe ich, betend und nachdenkend, Gott gefunden, aber indem ich betete, habe ich geglaubt, dass Gott mich fand und dass er lebendige Wirklichkeit ist und man ihn lieben kann, wie man eine Person liebt."* [13]

Sie beginnt eine Pfadfinderinnengruppe zu leiten und lässt sich in Sozialarbeit ausbilden, damals ein ganz neuer Beruf. Zusammen mit zwei Freundinnen entschließt sie sich dann 1933, „das Evangelium nach dem Urtext zu leben" und das Leben der einfachen Leute zu teilen. Sie geht als Sozialhelferin in die Arbeiterstadt Ivry in der Bannmeile von Paris.

Der kommunistischen Partei schließt sich Madeleine aus gutem Grund nicht an: Die Welt zu retten, sei mehr, als sie glücklich zu machen, außer Brot und Wohnung brauche der Mensch die Nähe Gottes und eine Hoffnung über den Tod hinaus.

Aber leidenschaftlich wünscht sie die Veränderung einer wenig menschlichen Gesellschaft, einer kapitalistischen, profitbesessenen Arbeitswelt. Deshalb arbeitet sie in praktischen Dingen ganz selbstverständlich, ohne Berührungsängste, mit den Marxisten von Ivry zusammen.

„Wir Nachbarn der Kommunisten"

Eine Sommerfrische des Pariser Bürgertums war Ivry einmal gewesen. Im alten, dörflich geprägten Ortskern lebte die christliche Minderheit, abgeschottet von den Neubauvierteln mit ihren massiven sozialen Problemen. Denn hier wohnten die Facharbeiter und Proletarier, die das rapide industrielle Wachstum der Stadt mit damals 300 Fabriken angezogen hatte. Misstrauische Abneigung auf beiden Seiten.

Der Kreis um die Delbrêl brachte einiges in Bewegung. Er baute ein Beratungsnetz auf und organisierte Hilfsdienste. Später übertrug man Madeleine eine leitende Aufgabe im städtischen Sozialdienst. Und nebenher schrieb sie Essays, Gedichte, handfest-nüchtern und poetisch zugleich, meditativ und provokant, alltägliche Themen betreffend und doch von mystischer Tiefe.

Wir andern – Leute von den Straßen hießen diese Texte, *Wir Nachbarn der Kommunisten* oder auch *Die Freunde des Glaubens* und *Einfacher Führer für einfache Christen.* Völlig unkonventionell denkt sie über einen christlichen Lebensstil nach, der sich nicht bloß für Klöster und Bauernstuben eignet, sondern auch für Fabrikhallen und Großstadtstraßen.

Sie lässt sich weder ihre Gesprächspartner vorschreiben noch das Milieu, in dem sie arbeiten will. Aber sie bindet sich eisern an die Kirche, die oft so sture, schwerfällige, wie sie sehr genau weiß. Denn nur die Kirche scheint ihr imstande, die Bindung ihres Glaubens an den Ursprung zu garantieren.

Ableger ihrer Gemeinschaft entstehen in Algerien und an der afrikanischen Elfenbeinküste. Sie gründet eine Arbeiter-Produktivgenossenschaft und demonstriert für politische Gefangene. Am 13. Oktober 1964 ist sie gestorben.

Hartnäckig ermunterte sie ihre Mitchristen zu einem leisen, aber überzeugenden Engagement, bezwingend, ohne große Worte zu gebrauchen. Es muss deutlich werden, dass der Glaube kein Bestandteil eines längst abgestorbenen Milieus ist, dass Gott existiert und die Menschen glücklich machen will. Von Gott und vom Himmel muss man so beglückend reden, wie das Edith Piaf in ihren Chansons tut!

Was man bisher unter missionarischem Einsatz verstanden habe, sei eine Sonderwelt frommer Beschäftigungen gewesen, aber nicht das ganz normale Leben eines Christen unter ungläubigen Mitmenschen. Deshalb muss der scheinbar so banale Alltag von der Küchenarbeit bis zum Essen mit Freunden vom Glauben geprägt sein, von einem liebenswürdigen, fröhlichen Glauben: einladend, nicht verbissen.

> *„Jede kleine Unternehmung ist ein gewaltiges Ereignis, worin uns das Paradies geschenkt wird, das wir weiterverschenken können. Egal, was wir zu tun haben: ob wir einen Besen oder eine Füllfeder halten. Reden oder stumm sein, etwas flicken oder einen Vortrag halten, einen Kranken pflegen oder auf einer Schreibmaschine hämmern. All das ist nur die Rinde einer herrlichen Realität, der Begegnung der Seele mit Gott in jeder neuen Minute [...]. Man läutet? Schnell, aufgetan! Gott ist es, der uns lieben kommt. Eine Ankunft?... Bitte... Bitte? Es ist Gott, der uns lieben kommt. Zeit, sich zu Tisch zu setzen? Gehen wir: es ist Gott, der uns lieben kommt. Lassen wir ihn gewähren.“* [14]

Ein solcher Glaube taucht in die Welt ein, durchtränkt den Alltag, den redliche Christenmenschen nicht selten sauber von der mit Gott verbrachten Zeit getrennt haben. Ein solches Gebet mitten in der Welt kann niemals der Versuchung erliegen, vor der Madeleine so beharrlich warnt: „Wenn du die Wüste liebst, vergiss nicht, dass Gott die Menschen lieber sind!"

Das allein ist wichtig: ob es uns gelingt, Gott zu den Menschen zu bringen. Entscheidend ist, ob durch die Christen die Welt wohnlicher, gerechter wird, ein Stück mehr Menschenheimat. Entscheidend ist die Echtheit unseres Engagements. Madeleine Delbrêl: „Wichtig ist die Antwort, die man auf die Berufung gibt, die Bedingungslosigkeit, mit der man sie annimmt und mit der man ihr treu ist. Nicht unsere Berufung macht die Heiligkeit aus, sondern die Treue, mit der wir ihr folgen."

„Sei unter den Menschen ein Zeichen der Freude!"

Frère Roger, Prior von Taizé (1915–2005)

Es gibt keine Jugendhotels, keine attraktiven Freizeitangebote, kein Meditations-zentrum für spannende Selbsterfahrungen. Es gibt keine Aktionsprogramme und Patentrezepte. Und trotzdem haben sich junge Menschen überall auf der Welt in das Dörfchen Taizé im französischen Burgund und in seine Mönchsgemeinschaft ver-liebt. Die Brüder von Taizé wollen ein Gleichnis der Versöhnung sein, ein Stück Zukunft von Kirche. Der Motor dieses Experiments ist über Jahrzehnte hinweg ihr Prior Roger Schutz gewesen: ein schmächtiger Mönch mit schütterem Haar, bäuerlich-markanten Gesichtszügen und einer unaufdringlichen, aber unabweisbaren Ausstrahlung.

Wenn er sich nach dem Abendgebet zu den Besuchern in die „Versöhnungskirche" setzte, um schweigend zu beten, nachzudenken, leise zu ihnen zu sprechen, dann gab er keine fertigen Antworten, höchstens Anstöße. Seine Zuhörer sollten sie weiter-spinnen, mit ihrem persönlichen Leben füllen.

Wenn ihn ein junger Mensch direkt fragte: „Wer ist Christus für Sie, Bruder?", saß er eine Wille ganz still da, in sich hineinhorchend, nach einer Erwiderung su-chend, die keine Schablone sein durfte. Und dann begann er langsam, behutsam die Worte wählend, und sagte etwas ganz Einfaches: „Für mich ist Christus der, von dem ich lebe, aber auch der, den ich mit euch zusammen suche."

Als Schüler war er ein toleranter Atheist

Roger Louis Schutz-Marsauche – so hieß er mit vollem Namen – war eigentlich im-mer schon so, wie er sich die Kirche und die Welt wünschte: versöhnte Vielfalt. Un-ter seinen Vorfahren gab es fast so viele Bauern wie Pfarrer. Geboren wurde er 1915 in der Schweiz, als Sohn einer Französin aus Burgund. Sein Vater war reformierter Pfarrer, der aber nicht zögerte, den Gymnasiasten bei einer katholischen Witwe in Kost zu geben, weil die jeden Pfennig brauchen konnte. Unerhört schien so etwas in einer Zeit, als die christlichen Konfessionen noch heillos verfeindet waren.

„Einige Jahre war ich ein Nichtglaubender", berichtete Roger von seiner Gymnasialzeit. „Trotzdem, ohne selbst glauben zu können, war ich immer mit Achtung erfüllt vor jenen, die es konnten." Bauer und Schriftsteller wollte er werden. Doch weil ihm eine Zeitschrift zumutete, den Schluss seines ersten Essays umzuschreiben, verzichtete er trotzig auf eine literarische Karriere und begann, Theologie zu studieren.

Zweifel hatte er immer noch, natürlich. Aber Jesus Christus zog ihn zunehmend in seinen Bann: „Seine Barmherzigkeit, seine Fähigkeit, zu lieben und zu verstehen." Roger führte lange Gespräche mit katholischen Ordensleuten und verbrachte viel Zeit in Klöstern – und gründete schließlich eine offene Communauté, eine Gemeinschaft für Studenten und Angehörige akademischer Berufe.

Wenn es so etwas wie ein „Bekehrungserlebnis" bei Roger gab, dann war es jener hereindämmernde Abend, als er sich fragte: „Warum dieses gegenseitige Sichbekämpfen unter den Menschen und selbst unter den Christen? Gibt es auf unserer Erde einen Weg, der so weit führt, alles vom anderen zu verstehen?" Blitzartig, so erzählte er, habe er an jenem Abend eine Antwort gefunden, die sein ganzes Leben prägen sollte: „Wenn es diesen Weg gibt, beginne bei dir selber und engagiere dich selbst; du selbst, um alles von jedem Menschen zu verstehen."

Zufluchtsort für Gestapo-Opfer

Isolation erzeugt Mutlosigkeit. Deshalb begann er bereits 1940, während er seine Abschlussarbeit vorbereitete, nach einem Haus zu suchen, um „zusammen mit anderen die wesentlichen Dimensionen des Christseins zu leben", als „bescheidenes Zeichen der Gemeinschaft".

Roger dachte von Anfang an nicht an eine friedliche Insel, sauber abgeschottet gegenüber der aufgewühlten Umwelt. Die Nordhälfte Frankreichs und seine Kanal- und Atlantikküste waren ja seit dem „Blitzkrieg" 1940 von den Nazis besetzt. Deshalb machte er sich im übrigen Frankreich auf die Suche. Hier gab es zwar keine deutschen Besatzer, aber ebenfalls schlimme Kriegsschäden und eine in Vichy residierende Regierung, die mit den Nazis kollaborierte.

In dem fast entvölkerten Ruinendorf Taizé fand er ein geeignetes Haus. Roger begann sofort damit, das angrenzende Landstück zu bebauen, die einzige Kuh zu melken, eine winzige Kapelle einzurichten. Mit offenen Armen nahm er die Juden und politisch Verfolgten auf, die hier auf ihrer Flucht vor den Nazis untertauchten, bevor sie in die neutrale Schweiz hinüberwechselten.

> *„Du, Christus, forderst mich unablässig heraus und fragst mich: ‚Für wen hältst du mich?' Du bist es, der mich liebt bis in das Leben, das ohne Ende ist. Du öffnest mir den Weg zum Wagnis.*
> *Das Nein in mir verwandelst du Tag um Tag in ein Ja. Du willst von mir nicht nur ein paar Bruchstücke, sondern mein ganzes Dasein.*
> *Und ich, warum habe ich so lange gezögert?*
> *Du hast mich unablässig gesucht. Warum habe ich von neuem gezögert und mir Zeit erbeten, um mich um meine Angelegenheiten zu kümmern?*
> *Und doch, obwohl ich dich nicht gesehen habe, habe ich dich geliebt."* [15]

1944 zog General de Gaulle als Befreier in Paris ein. Nun kümmerte sich Roger mit ein paar Freunden zum Ärger der Dorfbewohner um deutsche Kriegsgefangene; sie teilten ihre Nahrung mit den Verhassten, mieteten ein Haus dazu und richteten Wohngruppen für 20 Kriegswaisen ein.

Gegen alle skeptischen Stimmen hielten die ersten vier „Brüder" an ihrem Modell von Gemeinschaft fest. Sie bestellten den mageren Acker, beteten dreimal am Tag und empfingen die Gäste, die zu Besinnungszeiten oder aus Interesse an ihrem Experiment kamen. Immer mehr wurde die kleine Communauté von Taizé zu einem prophetischen Gleichnis von Kirche: eine brüderliche Gemeinschaft, mitreißend, ausstrahlend, um den Auferstandenen geschart.

Vielfalt leben in einer gespaltenen Kirche

Taizé hat seither einen enormen Wachstumsprozess durchgemacht; die Grundstrukturen des Zusammenlebens sind aber gleich geblieben. Am Osterfest 1949 legten die mittlerweile sieben Brüder ihre Profess ab, die Verpflichtung zum lebenslangen Engagement. Roger verstand diesen ersten Männerorden im protestantischen Bereich als Ausdruck der Suche nach einem „Gleichnis der Gemeinschaft, verkörpert im Leben einiger Männer; denn Worte werden erst glaubwürdig, wenn sie gelebt werden. Immer hatte ich nur einen Gedanken: unter den Teig der gespaltenen Kirchen ein Ferment der Gemeinschaft mengen."

„Willst du stets Christus in deinen Brüdern wiedererkennen und so über sie wachen in guten und schlechten Tagen, im Leiden und in der Freude?"
„Ich will es."
„Zieh von nun an auf den Spuren Christi. Mach dir keine Sorge um den morgigen Tag. Der Herr Christus hat dich dazu berufen, in der Kirche ein Zeichen brüderlicher Liebe zu sein." [16]

1951 verließen die ersten Brüder Taizé und gingen in die Bergbauregion von Montceau-les-Mines, um dort zu wohnen und in den Bergwerken zu arbeiten. Weitere solcher Ordensniederlassungen „auf Zeit" entstanden in den algerischen Slums, in einem schwarzen Getto von Chicago, als dort schwere Rassenunruhen tobten, in Ruanda, Schweden, Großbritannien, im brasilianischen Recife bei Erzbischof Câmara, in Bangladesh im engen Kontakt mit jungen Moslems und Hindus.

Daheim in Taizé waren die ersten katholischen Brüder zur Communauté gestoßen: Aus dem ersten protestantischen Orden wurde die erste ökumenische Brüdergemeinschaft der Kirchengeschichte. Katholiken, Protestanten, Anglikaner geben in Taizé nichts von ihren kostbaren Traditionen auf; aber die Art, wie sie zusammenleben und zu einem gemeinsamen Zeugnis finden, könnte ein Modell für die ganze gespaltene Christenheit sein.

Und dieses faszinierende Modell gelebter Brüderlichkeit zieht die suchenden Menschen aus der ganzen Welt magisch an. Bis zu 200.000 Besucher kommen jedes Jahr, vorwiegend junge Leute, die daheim in ihren Ländern ein Netz von Kontakten aufbauen, kleine Zellen des Gebets und der gemeinsamen Erfahrung gründen, Initiativen für hilflose Minderheiten starten. Junge Engländerinnen zum Beispiel lebten ein paar Monate in einem Elendsviertel in Nairobi und teilten ihr Essen mit den Nachbarn. Zu Hause in Großbritannien eroberten sie armen Mitbürgern mit Sitzstreiks Wohnungen in Häuserblocks, die geschäftstüchtige Spekulanten leer stehen ließen.

Ein Getto einsamer alter Menschen in Manhattan, ein Arbeiterviertel im kanadischen Québec, ein Lager lateinamerikanischer Flüchtlinge, Gefängnisse, Wohnsilos für Ausländerfamilien in Wien – die Jugendlichen möchten all diese tristen Stätten in „Orte der Hoffnung" verwandeln, wo das neue Gesicht des Volkes Gottes bereits sichtbar wird, wo kleine Gruppen von Christen damit beginnen, die Seligpreisungen aus dem Evangelium zu leben.

„Du kannst keinen wirklichen Kampf im luftleeren Raum führen", sagte ihnen der Prior von Taizé, „mit Ideen, die nicht konkret werden. Zerbrich die Unterdrückung der Armen und Ausgebeuteten: Du wirst erstaunter Zeuge sein, wie Zeichen der Auferstehung schon jetzt auf der Erde entstehen. Teile deine Güter, um größere

Gerechtigkeit zu erreichen. Mache niemand zu deinem Opfer. Bruder aller, Bruder für alle ohne Unterschied, lauf hin zu den Menschen, die missachtet und ausgestoßen sind!"

Am Abend des 16. August 2005, als zweieinhalbtausend vorwiegend junge Gäste mit den Brüdern in der Versöhnungskirche zum Abendgebet versammelt waren, schlich sich eine 36 Jahre alte, geistesgestörte Frau aus Rumänien durch die Reihen, stürzte sich von hinten auf den Prior und stach ihm mit einem Messer in Hals und Rücken. Frère Roger starb wenige Minuten später, neunzig Jahre alt. Am nächsten Morgen beteten die Brüder: „Wir legen unseren Bruder Roger in deine Hände zurück." Und auch für die Attentäterin, die „nicht wusste, was sie tat".

Die Revolution der Kerzen

Christian Führer, Pfarrer und Bürgerrechtler
(*1943)

Leipzig, 4. September 1989: Nach dem jeden Montag stattfindenden „Friedensgebet" strömen die Menschen aus der Nikolaikirche. Zwei junge Mädchen entrollen blitzschnell ein weißes Laken, auf dem steht: *Für ein freies Land mit freien Menschen.* Es dauert zehn Sekunden, dann reißt ein Trupp Staatssicherheitsleute das Transparent herunter, stößt die Jugendlichen zu Boden. Szenen aus den letzten Tagen der untergehenden DDR. „Keiner weiß die Namen von den zwei Mädels", erinnert sich der Kabarettist und Bürgerrechtler Bernd-Lutz Lange, „aber die hatten damals eigentlich den meisten Mut."

Leipzig, 11. September 1989: Diesmal sind die Staatsorgane besser vorbereitet. Eine dreifache Polizeikette umschließt die Nikolaikirche. Nach dem Friedensgebet stürmen Beamte mit weißen Helmen auf die knapp zweitausend Gottesdienstbesucher los, nehmen willkürlich Verhaftungen vor, ohne jede Begründung, schleppen junge Leute in bereitstehende Lastwägen. In den nächsten Tagen sind die Namen der Inhaftierten auf Zeichenblockblättern an den Gittern der Kirchenfenster zu lesen, werden nachts von der *Stasi* abgerissen, hängen tags darauf wieder an den Fenstern, größer und höher. Bald stehen Blumen und brennende Kerzen vor den Fenstern, die Nikolaikirche wird zum Wallfahrtsort.

Leipzig, 18. September 1989: Zum Friedensgebet erscheint Pastor Christian Führer, den kein Mensch hier bisher anders gesehen hat als in Jeans und passender Weste, ganz in Schwarz – wegen der Polizeiaktionen, die „Veränderungen auf friedlichem Weg immer unwahrscheinlicher werden lassen". Dennoch hämmert Führer den Gottesdienstbesuchern ein: „Keine Gewalt! Für uns Christen bleibt auch der, der gegen uns mit Gewalt vorgeht, ein Mensch." Tatsächlich lässt sich auch in den kommenden Wochen niemand aus der Schar der Beter und Demonstranten provozieren. Die Sicherheitskräfte bleiben die Einzigen, die zum Knüppel greifen – und der marode DDR-Staat blamiert sich bis auf die Knochen. Die mehr als 800 Jahre alte Nikolaikirche aber, deren Innenraum mit stuckierten Palmblättern, Ähren, Weinreben, Blumenknospen einem Paradiesgarten nachempfunden ist, und ihren Pfarrer kennt seit diesen Tagen so ziemlich jeder Fernsehzuschauer in der westlichen Welt.

Rennfahrer oder Pfarrer?

Christian Führer ist ein Leipziger Kriegskind, 1943 als Sohn eines Pfarrers geboren, den er damals nur auf seltenen Fronturlauben gesehen hat. Später faszinieren ihn die Kriegsinvaliden, Landstreicher und Drehorgelmänner, die im Pfarrhaus ein und aus gehen. Er wird liberal erzogen, die Eltern sagen kein Wort, als er sich von den stramm sozialistischen *Jungen Pionieren* zum Gruppenratsvorsitzenden wählen lässt – und bald wieder austritt, weil die Pioniere daran herummäkeln, dass er freiwillig und gern in die Kirche geht.

In den Schulferien arbeitet er im Autowerk, weil er sich für schnelle Autos interessiert und Rennfahrer werden will. Oder wenigstens Schlagersänger. Dann beginnt er an der Leipziger Karl-Marx-Universität Theologie zu studieren, streitet sich im Marxismus-Leninismus-Pflichtunterricht begeistert mit Berufsatheisten herum, kämpft hartnäckig – und am Ende erfolgreich – um die Zuneigung einer theologisch gebildeten Pharmaziestudentin und ist mit 24 Jahren Pfarrer im Dorf Lasta, wo er der Freiwilligen Feuerwehr beitritt und ständig auf der Suche nach Zementsäcken ist: Das Pfarrhaus ist dringend sanierungsbedürftig, die Kirche baufällig.

Nach zwölf Jahren der Wechsel an die großstädtische Nikolaikirche – da hat er schon einen Ruf als Fürsprecher der Andersdenkenden und mundtot Gemachten. Führer stellt Schilder auf „Nikolaikirche – offen für alle" und „Wir laden Sie in den Altarraum ein", er lässt junge Chaotenbands in der Kirche auftreten, diskutiert in Jugendgruppen über Wehrerziehung und den Umgang mit Schwulen. Den staatlichen Repressalien gegen Christen – seine eigenen Kinder bekommen Schwierigkeiten im Gymnasium und bei der Suche nach einem Studienplatz – kann er auch etwas Positives abgewinnen: In dieser Kirche bleibt nur, wer wirklich überzeugt ist.

„Wenn wir die Kirche öffnen für alle, die draußen zum Verstummen gebracht werden, dann kann niemand mehr auf den Gedanken kommen, die Kirche sei eine Art religiöses Museum. Sondern dann ist Jesus real präsent in der Kirche, weil wir zu tun versuchen, was Jesus tat und was er will, dass wir es heute tun. Die Kirchentüren auf! Die geöffneten Türflügel einer Kirche sind wie die ausgebreiteten Arme Jesu. Die Schwelle der Nikolaikirche ist niedrig sowohl für Rollstuhlfahrer als auch für Atheisten.“ [17]

Anfang der achtziger Jahre, als auf beiden Seiten der innerdeutschen Grenze aufgerüstet wird und die Stationierung atomarer Mittelstreckenraketen machtvollen Protest hervorruft, als in Polen die Gewerkschaftsbewegung *Solidarność* und in der Tschechoslowakei die Bürgerrechtsbewegung *Charta 77* die Staatsallmacht in Frage stellen, wird die Nikolaikirche zum Mittelpunkt systemkritischer Aktivitäten: Gesprächskreise für Ausreisewillige. Thematisierung der – in Leipzig besonders schlimmen – Umweltbelastung durch den Braunkohlentagebau. Und dann eben die wöchentlichen Friedensgebete unter dem Motto *Schwerter zu Pflugscharen* – nach einem Prophetenwort aus der Hebräischen Bibel.

1983 unternimmt die DDR-Führung, um ihr ramponiertes internationales Ansehen aufzupolieren, eine Kehrtwende im Verhältnis zu Martin Luther. Zum 500. Geburtstag des Reformators kommt der Staatsratsvorsitzende Erich Honecker nach Leipzig. Ein paar Jugendliche setzen sich an einer Ecke des Marktplatzes mit Kerzen in der Hand auf den Boden, stumm, ohne ein Plakat – und werden wegen Teilnahme an einer unangemeldeten Demonstration zu Haftstrafen von bis zu zwei Jahren verurteilt. „Wie groß muss die Angst dieses Staates vor dem eigenen Volk sein“, sinniert Christian Führer. „Aber der Glaube ist stärker als die Angst.“

Das Blutbad bleibt aus

Im Sommer 1989 besetzen ausreisewillige DDR-Bürger die bundesdeutschen Botschaften in Budapest, Prag und Warschau, es kommt zu einer Massenflucht in den Westen. Die DDR-Führung, die im Oktober den 40. Jahrestag der Staatsgründung feiern will, reagiert auf kritische Töne mit zunehmender Hysterie. Pfarrer Führer bekommt eine Vorladung von der Staatsanwaltschaft: Er soll den „Spuk“ mit den Friedensgebeten unverzüglich beenden. „Merken Sie denn nicht, dass die westlichen Geheimdienste Sie nur benutzen, um Unruhe zu stiften und den sozialen Frieden zu gefährden?“

Leipzig, 7. Oktober 1989, ein Samstag, 40. Jahrestag der Staatsgründung: Ein Trupp Bereitschaftspolizei mit Schlagstöcken und Schäferhunden taucht auf dem

Nikolaikirchhof auf, wo Gruppen von Menschen flanieren und die Zettel mit den Namen der Inhaftierten lesen wollen. Die Polizisten prügeln rund 200 Menschen zu den Lastwagen und sperren sie in einem außerhalb der Stadt eingerichteten Internierungslager in Pferdeställe.

Leipzig, 9. Oktober 1989, ein Montag: Die Angst geht um in der Stadt. 8000 Polizeikräfte sind in Leipzig zusammengezogen. Man hört, in den Krankenhäusern seien auf Anordnung der Behörden komplette Abteilungen geräumt und Blutkonserven für Opfer von Schussverletzungen angefordert worden. Stasi-Chef Erich Mielke soll angeordnet haben, neuerliche „konterrevolutionäre Aktionen" unerbittlich zu unterbinden, „mit der Waffe in der Hand". Hat nicht erst im Juni die chinesische Führung auf dem Pekinger „Platz des himmlischen Friedens" Tausende protestierender Studenten zusammenschießen lassen? Ein anderes Gerücht will freilich auch wissen, Moskau habe befohlen, dass die sowjetischen Panzer – anders als beim Volksaufstand 1953 – in den Kasernen bleiben sollen.

„Die Angst war in jenen Tagen mein ständiger Begleiter, Tag und Nacht", erinnert sich Christian Führer: Angst um seine Familie und seine Gemeinde. Dennoch wird das Friedensgebet nicht abgesagt – es findet an diesem Tag sogar in vier Kirchen gleichzeitig statt. Landesbischof Dr. Johannes Hempel eilt von Kirche zu Kirche und fordert überall zu strikter Gewaltfreiheit auf. Im Stadtradio verliest der Dirigent des Gewandhaus-Orchesters Kurt Masur einen auch von aufgeschlossenen Parteivertretern unterzeichneten Aufruf zur Besonnenheit.

2400 Menschen drängen sich in der Nikolaikirche, Zehntausende warten auf dem Kirchhof und in den angrenzenden Straßen. Am Ende sind es rund 70.000 Menschen, die nach dem Gottesdienst mit brennenden Kerzen und dem Ruf „Wir sind das Volk – Keine Gewalt!" durch die Leipziger Innenstadt ziehen. Kampftruppen und Polizeikräfte werden in Gespräche verwickelt. Statt die Stasi-Zentrale zu stürmen, kleben die Demonstranten Kerzen auf die Eingangsstufen. Und das Wunder geschieht: Es gibt kein Blutbad, keine Verhaftungen, keine Prügeleien. Die Staatsmacht, die längst an sich selbst zu zweifeln begonnen hat, streckt vor dieser riesigen, schutz- und wehrlosen Menschenmenge die Waffen. „Wir waren auf alles vorbereitet", soll der Volkskammerpräsident Horst Sindermann entgeistert gesagt haben, „nur nicht auf Kerzen und Gebete."

„Das wird heute oft verdrängt, das hätte der Auftakt zu einem Bürgerkrieg werden können. Und Tote in Leipzig, das wäre ein Signal gewesen für Aktionen in der ganzen DDR [...], es wäre ein Schlag auch gegen die Entspannungspolitik gewesen." [18]
Egon Krenz, nach Honeckers Sturz Staatsratsvorsitzender der DDR

Neun Tage später tritt Erich Honecker zurück. In Dresden, Plauen, Karl-Marx-Stadt, überall demonstrieren friedliche Menschen, gründen Bürgerkomitees und Parteien. Im März 1990 finden die ersten freien Volkskammerwahlen statt. „Ein Wunder biblischen Ausmaßes" nennt Pfarrer Führer diesen unblutigen Umsturz: „Uns Deutschen war bis zu diesem Zeitpunkt noch nie eine Revolution gelungen. Und dass nun der Geist der Gewaltlosigkeit Jesu die Menschen ergriffen hat in diesem unchristlichen Land, dass diese Menschen, denen es niemand zugetraut hätte, von diesem Geist angesteckt wurden, dass sie sich befreien ließen aus gebückter Haltung und unwürdiger Anpassung, das ist das Wunder dieses Tages und dieses Abends."

O doch, es sei eine Revolution gewesen! Den verharmlosenden Begriff „Wende" mag Führer nicht. Der allzu flotte Beitritt zur Bundesrepublik, die kritiklose Übernahme westlicher Konsumorientierung, das Ersetzen des atheistischen Materialismus durch die neue Religion der „Tempel, Banken und Kaufhäuser" konnten ihm nicht gefallen. Der „globale Raubtierkapitalismus" habe genauso wenig Zukunft wie das realsozialistische Experiment, davon ist er überzeugt. Aber „momentan traut sich die Kirche zu wenig von der Radikalität Jesu zu", flüchtet sich in ausgewogene Verlautbarungen, statt so provokant zu reden wie Jesus in der Bergpredigt.

Bis es so weit ist, widmet sich Führer der Erwerbsloseninitiative, die er 1991 mitgegründet hat – 61.000 Menschen konnten seither begleitet und beraten werden, 162 Arbeitslose haben in der Initiative einen Übergangsjob gefunden – und der Auseinandersetzung mit den neuen Nazis. Was für ihn nicht nur Protestdemonstrationen bedeutet, sondern auch nervenzehrende Gespräche.

Und das produktive Träumen, das lässt er sich nicht austreiben: „Der zweite Teil der friedlichen Revolution steht noch aus."

Erfinder der „Mutter auf Zeit"

Hermann Gmeiner, Sozialpädagoge
(1919–1986)

Einem elfjährigen Buben aus Tirol, der sich aus Kummer über den ständigen Streit zwischen seinen Eltern das Leben nehmen wollte, verdankt die größte private soziale Initiative der Welt ihr Entstehen: Der Junge gehörte zu einer Jugendgruppe, die der Medizinstudent Hermann Gmeiner in den schweren Jahren nach dem Zweiten Weltkrieg in einer Innsbrucker Bombenruine aufgebaut hatte. Als der Vater die Mutter erbarmungslos verprügelte, wollte sich der Elfjährige umbringen; Gmeiner fand ihn rechtzeitig und brachte ihn in ein Heim.

Doch das war bei der damaligen wenig menschlichen, gewalttätigen Atmosphäre in den Heimen keine Lösung. In ihrer bisherigen Umgebung konnte man die milieugeschädigten Kinder, die er in seiner Gruppe kennen lernte, aber auch nicht lassen. Gmeiner: „Diese Burschen und Mädchen sind nicht schlecht. Sie sind keine Asozialen. Sie sind verwahrlost."

1949 hatte er eine Idee, für die man ihn anfangs auslachte: In Imst (Tirol) gründete er das erste „SOS-Kinderdorf": familienähnliche Gruppen statt der unpersönlichen großen Heime für Schwererziehbare; alleinstehende oder verwitwete Frauen mit pädagogischem Talent als „Mütter auf Zeit"; Häuser mit Wohnzimmer, Küche, Zwei- oder Dreibettschlafzimmern. Vierzehn oder zwanzig dieser Häuser bilden zusammen mit einem Gemeindezentrum und einem Kindergarten das „Dorf". Um kein Getto entstehen zu lassen, besuchen die Kinder die nächste öffentliche Schule.

„Aus dem Nichts heraus hatte ich mit ein paar Studienkollegen und ein paar hilfsbereiten Frauen dieses Werk begonnen. Wir hatten kein Geld, wir waren unbekannt. Aber wir hatten eines: den Glauben daran, dass der Weg, den wir beschreiten wollten, richtig und notwendig ist.

Die SOS-Kinderdorf-Idee ist sehr einfach. Ich wollte nichts anderes, als dem ent-
wurzelten Kind jene Welt der Geborgenheit schenken, die es braucht, um gedeihen
zu können. Ich war sicher, dass die Menschen mich verstehen werden. Und ich bin
gehört und verstanden worden.
Es erfüllt mich mit Glück und Dankbarkeit, dass heute viele Tausende, Hundert-
tausende guter Menschen das Werk der SOS-Kinderdörfer tragen." [19]

Hermann Gmeiner wusste, wovon er sprach: 1919 im österreichischen Weiler Tan-
nen bei Alberschwende (Vorarlberg) geboren, wuchs er selbst in einer kinderreichen
Bauernfamilie ohne Mutter auf: Sie starb nach der Geburt des neunten Kindes, als
er fünf Jahre alt war. „Meine Mutter hinterließ, als sie von uns ging", erzählte er,
„nichts als Leere dort, wo sie gestanden hatte. Aber was sie uns gelehrt und vorgelebt hat, wiegt mehr als die Lehren und Schulen meines Lebens." Sein Vater war ein
schweigsamer Mensch, „ein vom gleichen Schicksal geschlagener tapferer Bruder in
der Not".

Als der Dorfgeistliche dem 17-Jährigen endlich ein Stipendium zum Besuch des
Gymnasiums in Feldkirch vermitteln konnte, galt er dort als Grübler, viel älter als
seine Mitschüler, ernsthaft, in sich gekehrt. 1940 wurde er als Gebirgsjäger an die
Ostfront geschickt, mit knapp 21 Jahren, und sechsmal verwundet: „Es war nicht
mein Verdienst, dass mich der Rausch des Krieges und Siegens nicht packte. Bevor
ich mich an ihm anstecken konnte, fiel mein Bruder Jodok in Frankreich. Alles in
mir lehnte sich gegen seinen Tod und erst recht gegen die Forderung auf, die Trauer
um ihn mit Stolz und verbrämtem Pathos zu tragen. Ich trug sie mit Niedergeschla-
genheit."

Als Medizinstudent in Innsbruck lernte Hermann nach dem Ende des Dritten Reiches die elende Situation der Kriegswaisen und Flüchtlingskinder kennen,
die auf den Straßen bettelten und Diebesgut zu verhökern suchten. Er holte ein
Dutzend Jungen in den Keller des zerbombten Jugendheims der Pfarrei Mariahilf
und begann eine Jugendgruppe aufzubauen, organisierte Spiele und Ausflüge.
„Bin sehr froh, dass ich gar nicht dazu kam, etwas zu sagen", berichtete er dem
Pfarrer erleichtert nach dem ersten Treffen. „Wir müssen die Kerle reden lassen,
sie immer wieder hierherziehen, damit sie miteinander reden und lachen und
sich erzählen. Die Buben müssen hier erst daheim werden." Zu Hause seien sie
in einen trostlosen Abwehrkampf gegen Hunger und Kälte eingespannt, gegen
die Einsamkeit, gegen den betrunkenen Vater. „Da herrschen Not und Elend,
da ist kein Platz für Kinder. Hier aber sollen sie frei sein dürfen. Hier sollen sie
vergessen lernen."

Manche Erwachsenen beäugten seine unbefangene Freundschaft zu den jungen „Asozialen" misstrauisch. Er protestierte leidenschaftlich: Diese Burschen seien keine Kriminellen, sondern verwahrlost, gefährdet, milieugeschädigt. Solange man dieses Milieu nicht verändern könne, sei die ganze Arbeit hoffnungslos.

„Ich sage mir, alles Große in der Welt wird nur dadurch Wirklichkeit, dass irgendwer mehr tut, als er tun müsste."

Sein Zauberwort hieß „Familie". Wärme, menschliche Nähe, Geborgenheit, Schutz, Sich-aufeinander-verlassen-Können. Keine Waisenhäuser und Bewahranstalten, sondern Gruppen, die aufgebaut waren wie eine kleine Familie. Mutterliebe für Waisen, Verlassene, Verstoßene ohne Mutter. „Haus Frieden" hieß sein erstes Kinderdorfhaus in Imst, weil ihn eine Vision umtrieb: „An dem Tag, an dem wir voller Überzeugung sagen können, dass alle Kinder dieser Welt unsere Kinder sind, an dem Tag beginnt der Friede auf Erden."

Kritik an einer möglichen Fixierung auf die Mutter und eine traditionelle Frauenrolle nahm Gmeiner durchaus ernst. Vielleicht sei es nicht ideal, die Funktionen des Vaters im Kinderdorf auf Jugendgruppenleiter, Sportlehrer, Musikpädagogen zu verteilen. Aber es gebe eben weit weniger komplette Familien oder Ehepaare als alleinstehende Frauen, die sich um die Kinder kümmern könnten. Berufstätige Männer wechselten zudem viel häufiger den Wohn- und Arbeitsplatz.

 ## Geschichte einer Idee

1956 erstes deutsches SOS-Kinderdorf in Dießen am Ammersee
1960 Dachverband der weltweiten Kinderdorf-Organisationen mit Sitz in Wien
1963 erstes nichteuropäisches SOS-Kinderdorf in Korea
1970 erstes afrikanisches SOS-Kinderdorf an der Elfenbeinküste
1989 nach der Öffnung der Grenzen zum Ostblock Kinderdörfer in Polen, Bulgarien, Rumänien und der Sowjetunion.

Fast 500 Kinderdörfer gibt es heute in mehr als 130 Ländern, 5000 „Kinderdorf-Mütter" – und keiner lacht mehr über Hermann Gmeiners Idee, „kaputten" Kindern die Mutter und die Geschwister zu ersetzen. Seine schlichte Begründung: „Wir helfen verlassenen Kindern, weil wir glauben, dass die Menschen Brüder und deshalb füreinander verantwortlich sind."

Mittlerweile leben die SOS-Kinderdörfer auch vor, wie Menschen unterschiedlicher ethnischer, kultureller und religiöser Herkunft friedlich zusammenleben können: Schwarze und Weiße in südafrikanischen Siedlungen, Hutu und Tutsi in Ruanda, Tamilen und Singhalesen in Sri Lanka, Serben und Kroaten in Bosnien-Herzegowina.

Am 26. April 1986 starb Hermann Gmeiner in Innsbruck. Begraben wurde er im Kinderdorf Imst, wie er es sich gewünscht hatte.

Bibelfester Radikaldemokrat

Gustav Heinemann, Bundespräsident
(1899–1976)

"Sieht man wirklich nicht", blaffte er 1955 in der Frankfurter Paulskirche – als Präses der Synode der Evangelischen Kirche in Deutschland, „dass die dominierende Weltanschauung unter uns nur aus den drei Sätzen besteht: Viel verdienen, Soldaten, die das verteidigen, und Kirchen, die beides segnen?"

Deutschland zählte er zu den „schwierigen Vaterländern", und er legte Wert darauf, den Staat nicht zu lieben: „Ich liebe meine Frau." Phrasen hasste er, und „Gedöns" war ihm zuwider. Vielleicht gerade deshalb wurde er zu einem echten Bürgerpräsidenten, der querköpfige Radikaldemokrat Gustav Heinemann.

Es ist eine merkwürdige Karriere gewesen: vom Industriedirektor zum linken Sozialdemokraten, vom CDU-Gründungsmitglied zur SPD, vom Rechtsanwalt, der Kommunisten verteidigte und Kriegsdienstverweigerer beriet, zum Bundespräsidenten, vom desinteressierten religiösen Skeptiker zum Kirchenführer. Ein Lebenslauf, in dem sich die Trends und Widersprüche der deutschen Nachkriegsgesellschaft wie unter einem Brennglas bündeln. Aber auch die Biographie eines Menschen, der sich selbst eisern treu geblieben ist. Nie hat Heinemann seine geistigen Wurzeln verleugnet, die in einem unangepassten Protestantismus lagen und in einer Bibellektüre, die Mut machte, das Diesseits zu verändern.

Ein Taler für eine eingeworfene Fensterscheibe

Im westfälischen Schwelm kam er 1899 zur Welt, als Sohn eines leitenden Angestellten bei der Firma Krupp. Die Familientradition allerdings war rebellisch-republikanisch: Gustavs Urgroßvater hatte 1848 auf den Barrikaden für die Freiheit gekämpft. Und der Vater versprach Gustav für die erste eingeworfene Fensterscheibe einen Taler.

Trotzdem wurde etwas aus ihm: 1918 begann er sein Studium der Rechts- und Staatswissenschaften in Münster, Marburg, München, Berlin, Göttingen. Als im März 1920 rechte Militärs gegen die Weimarer Republik putschten, meldete sich Heinemann bei einer „Volkskompanie" aus Arbeitern und Studenten. Er übernahm Kurierdienste, verteilte Flugblätter, saß eine Nacht in Polizeihaft. Ein paar Monate später warf man ihn in München aus einer NSDAP-Versammlung mit Adolf Hitler, weil er einen Zwischenruf riskiert hatte.

Seit 1928 arbeitete Gustav Heinemann in Essen als Anwalt und als Prokurist und Justitiar der Rheinischen Stahlwerke. Nebenher war er Presbyter in seiner Kirchengemeinde – seit er sich unter dem Einfluss seiner Frau Hilde und eines kantigen, praktisch veranlagten Pastors mit Namen Friedrich Graeber dem christlichen Glauben geöffnet hatte. Bisher hatte er die Institution Kirche eher abgelehnt, als einen Hort von Obrigkeitsdenken und Demokratiefeindlichkeit. Doch nun begegnete er plötzlich einem Pfarrer, der die Arbeitslosen von der Straße holte, in eine Art Landkommune, und freimütig mit jedem diskutierte.

1933 übernahmen die Nazis endgültig die Macht. Jetzt engagierte sich Heinemann mit Feuereifer in der *Bekennenden Kirche*. In seinem Keller wurde ein Mitteilungsblatt gedruckt, das über ihre Aktivitäten informierte. Gegen den Ausschluss der jüdischen Rechtsanwälte aus dem Anwaltsverein zu stimmen, wie es Heinemann im Mai 1933 tat, konnte damals den Kopf kosten.

Nach dem Krieg stieg der politisch unbelastete Jurist zum Vorstandsmitglied der Stahlwerke und zum Oberbürgermeister von Essen auf und beteiligte sich an der Gründung der Essener CDU. Er griff selbst zu Schaufel und Spitzhacke, um die Zerstörungen zu beseitigen. Der Katholik Konrad Adenauer machte ihn 1949 zum Bundesinnenminister, weil er dringend einen prominenten Protestanten im Kabinett brauchte.

Doch bald kam es zum Zerwürfnis: Adenauer wollte die enge Bindung an die Westmächte und die Wiederaufrüstung, um die junge Bundesrepublik gegen die Bedrohung aus dem Osten zu stärken. Heinemann war dagegen, um eine Tür für die mögliche Wiedervereinigung offen zu halten. Außerdem fürchtete er eine Situation, in der Deutsche auf Deutsche hätten schießen müssen. Als Adenauer im Sommer 1950 an Kabinett und Parlament vorbei den Westmächten 150.000 deutsche Soldaten für eine westeuropäische Verteidigungsarmee anbot, quittierte Heinemann den Dienst.

Mit jungen Idealisten wie Erhard Eppler – später Entwicklungshilfeminister – und Johannes Rau – Bundespräsident von 1999 bis 2004 – baute er die Gesamtdeutsche Volkspartei auf, die bei der Bundestagswahl 1953 aber lediglich 1,2 Prozent der

Stimmen erzielte. Wer Adenauer und die Amerikaner kritisierte, galt damals schnell als Kommunist. Die Gegner einer ausschließlichen Westorientierung der Bundesrepublik wechselten zur SPD – auch Heinemann.

1966 zum Justizminister der Großen Koalition ernannt, setzte Heinemann die Reform des Strafrechts in Gang: Abschaffung des „Zuchthauses", stattdessen eine Aufwertung des Resozialisierungsgedankens im Strafvollzug, Aufhebung der Verjährung für Mord und Kampf gegen die Wirtschaftskriminalität. Horst Ehmke, Heinemanns Nachfolger als Bundesjustizminister, beschreibt sein Wirken so:

> *„Jene pharisäerhafte Einstellung, die auf den Gestrauchelten herabsieht und ihm die Chance der Besserung verweigert, war dem Christen Heinemann zutiefst zuwider. Die Scheidelinie zwischen ,Gerechten' und ,Gerichteten' erschien ihm von Grund auf fragwürdig."*

Am 5. März 1969 wurde er zum ersten sozialdemokratischen Bundespräsidenten gewählt. Er bemühte sich um eine unbefangene Ostpolitik und versuchte den Protest der sogenannten Außerparlamentarischen Opposition zu verstehen. Legendär ist seine Fernsehansprache nach dem Attentat auf den Studentenführer Rudi Dutschke 1968: „Wer mit dem Zeigefinger allgemeiner Vorwürfe auf den oder die vermeintlichen Anstifter oder Drahtzieher zeigt, sollte daran denken, dass in der Hand mit dem ausgestreckten Zeigefinger zugleich drei andere Finger auf ihn selbst zurückweisen."

Ein Gleichnis in gut biblischer Tradition. Wenn Heinemann darum warb, das Blockdenken aufzugeben und stattdessen miteinander zu reden, wenn er die Utopisten aufrief, die Politik der kleinen Schritte nicht gering zu achten und das Paradies nicht mit Gewalt herbeiführen zu wollen, dann hatte das mit seinem ebenso nüchternen wie leidenschaftlichen Verhältnis zu Gott zu tun.

1974 lehnte er es ab, für eine zweite Amtszeit als Bundespräsident zu kandidieren. Am 7. Juli 1976 starb er 76-jährig.

> *„Man weiß wenig von ihm, wenn man nichts von seiner Frömmigkeit weiß. Seine politischen Überzeugungen und sein politisches Handeln hatten ihre Wurzeln in seinem christlichen Glauben. Er kam von der Bergpredigt her und war schon einen weiten politischen Weg gegangen, ehe er zur Sozialdemokratie stieß. Aber auf diesem Wege gab es für ihn keinen Widerspruch, sondern nur logische Konsequenz. Die Bibel war für ihn das revolutionärste Buch, das es gibt."* [20]

Der Freiheitstraum der schwarzen Sklaven

Martin Luther King, Pastor und Bürgerrechtler
(1929–1968)

K einer, der 1963 den Sternmarsch einer Viertelmillion Bürgerrechtler nach Washington am Bildschirm miterlebte, wird diese Demonstration für die Gerechtigkeit jemals vergessen können: 250.000 Farbige und Weiße, die anständige Wohnungen, gerechte Löhne und das Ende der Rassentrennung an den Schulen forderten und die alten Spirituals der Sklaven sangen.

Keiner wird den Augenblick vergessen, als der junge Baptistenpfarrer Martin Luther King aus Alabama am Fuße des Lincoln-Denkmals seine Vision von einer guten Zukunft für alle Menschen in den Himmel rief:

„Ich habe einen Traum, dass eines Tages auf den roten Hügeln von Georgia die Söhne früherer Sklaven und die Söhne früherer Sklavenhalter miteinander am Tisch der Geschwisterlichkeit sitzen werden. Ich habe einen Traum, dass eines Tages selbst der Staat Mississippi, ein Staat, der in der Hitze der Ungerechtigkeit und Unterdrückung verschmachtet, sich in eine Oase der Freiheit und Gerechtigkeit verwandeln wird. Ich habe einen Traum, dass meine vier kleinen Kinder eines Tages in einer Nation leben werden, in der man sie nicht nach ihrer Hautfarbe, sondern nach ihrem Charakter beurteilen wird.
Ich habe einen Traum, dass diese Nation eines Tages aufstehen wird und der wahren Bedeutung ihrer Verfassung gemäß leben wird: ‚Wir halten diese Wahrheiten für selbstverständlich: Alle Menschen sind gleich geschaffen.'" [21]

Pastor King war zu diesem Zeitpunkt längst die unbestrittene Führungsfigur der Bürgerrechtsbewegung. Aber seine Persönlichkeit entzieht sich einer vorschnellen Einordnung.

An der Universität war er ein auffallend eleganter Student gewesen, ein guter Tänzer; er hatte in Theologie und Philosophie promoviert und wurde später zum Ehrendoktor etlicher Universitäten ernannt. In einem einzigen Jahr legte er 750.000 Meilen zurück und hielt 250 Reden.

Wer ihn jedoch aus der Nähe kennen lernte, entdeckte einen eher scheuen, ernsten, melancholischen Menschen mit einem Hang zur Selbstquälerei, unter dem Hass und Unverständnis seiner Gegner leidend. Der strahlende Redner King war fotoscheu und fühlte sich in großen Menschenansammlungen nicht wohl.

Gott und die amerikanischen Slums

Seine Überzeugungskraft bezog Martin Luther King aus einem leidenschaftlichen Glauben. Er las das Evangelium nicht, um frommen Genuss daraus zu schöpfen und sich aus den Widrigkeiten der Welt zurückzuziehen. Die Bibel war ihm eine empörende Lektüre.

> *„Vor zweitausend Jahren sagte eine Stimme aus Betlehem, dass alle Menschen gleich sind. Sie sagte, das Recht werde triumphieren. Jesus von Nazaret schrieb keine Bücher, er besaß kein Eigentum, das ihm Einfluss verlieh. Er hatte keine Freunde an den Höfen der Mächtigen. Aber er änderte den Kurs der Menschheit mit den Armen und Verachteten allein."* [22]

Doch warum nahm man diese Botschaft nicht ernst? Warum sperrte man die schwarzen Mitchristen aus den weißen Kirchen und die Kinder der Farbigen aus dem weißen Religionsunterricht aus? „Es ist nicht falsch, über Straßen zu reden, in denen Milch und Honig fließt", so nahm er die Prediger einer bloß innerlichen Frömmigkeit mit ihren schönen Bildern aus der Bibel aufs Korn.

„Aber Gott hat uns befohlen, uns um die Slums hier unten zu sorgen und um seine Kinder, die nicht einmal drei ausreichende Mahlzeiten pro Tag erhalten. Es ist nicht falsch, über das neue Jerusalem zu reden, aber eines Tages muss ein Prediger Gottes über das neue New York, das neue Atlanta, das neue Los Angeles, das neue Philadelphia und das neue Memphis in Tennessee reden! Das ist unsere Aufgabe."

Eine Kirche, die hinter ihren bunten Glasfenstern zu Rassismus und sozialem Unrecht schweige, eine solche Kirche lasse Christus im Stich.

„Gewaltlosigkeit ist Macht"

Die mit dem Namen King verbundene Protestbewegung gewann aus der biblischen Botschaft nüchterne Handlungsanweisungen für den politischen Kampf. Ihre tragende Idee hieß Liebe und Gewaltlosigkeit. Leidenschaftlich für die vorenthaltenen Rechte kämpfen, aber sich nie zu Verschlagenheit, Hass und Gewalt hinreißen lassen.

Am Ende des gewaltlosen Widerstandes ersehnte er nicht den Triumph der Farbigen und ihre Rache an den Weißen, sondern ein friedliches, von Vernunft und Gerechtigkeit bestimmtes Zusammenleben der Rassen: gewaltloser Widerstand als praktische Seite der Liebe.

„Gewaltlosigkeit ist Macht", darauf beharrte Dr. King, „aber sie ist der richtige und gute Gebrauch der Macht." Unbewaffnete Liebe bedeutete für ihn jene radikale Veränderung, die sich nicht darauf beschränkt, Herren und Knechte einfach auszutauschen, sondern die dahinterstehenden falschen Selbstverständlichkeiten in Frage stellt: Muss es das überhaupt geben, die Zweiteilung der Gesellschaft in jene, die zu bestimmen, und die anderen, die zu gehorchen haben?

> *„Macht mit uns, was ihr wollt, wir werden nicht aufhören, euch zu lieben. Wir können vor unserem Gewissen nicht eure ungerechten Gesetze teilen. Wir können nicht einem ungerechten System folgen; denn die Verweigerung der Zusammenarbeit mit dem Bösen ist ebenso moralische Pflicht wie die Zusammenarbeit mit dem Guten. Deshalb könnt ihr uns ins Gefängnis werfen, doch wir werden euch trotzdem lieben. Werft Bomben auf unsere Häuser, bedroht unsere Kinder, aber – so schwer es uns auch fallen mag – wir werden nicht aufhören, euch zu lieben.*
> *Aber ihr könnt sicher sein: Wir werden euch mit unserer Leidensfähigkeit besiegen, und eines Tages werden auch wir unsere Freiheit erringen. Diese Freiheit werden wir nicht bloß für uns selbst erobern; wir appellieren so lange an euer Herz und euer Gewissen, bis auch ihr euch an diesem Prozess beteiligt, und so werden wir einen zweifachen Sieg erringen. Wahrer Friede wird sich erst einstellen, wenn wir an die höchsten moralischen Grundsätze glauben."*[23]

Welch unwahrscheinliche Kraft in so einer Haltung steckt, wurde spätestens 1965 bei der großen Demonstration von Birmingham deutlich. Betend und singend marschierte eine Gruppe Farbiger, geführt von ihren Geistlichen, auf eine Polizeitruppe zu, die kurz zuvor ihre Hunde auf protestierende Kinder gehetzt und fast tausend Minderjährige verhaftet hatte.

Doch was geschah? Entgeistert musste der für seine Brutalität berüchtigte Einsatzleiter feststellen, wie seine Männer links und rechts vor der kleinen Schar zurückwichen, die gegen die unmenschliche Rassentrennung in Schulen, Gaststätten, Waschräumen auf die Straße gegangen war.

Der Busboykott von Montgomery

Begonnen hatte die Bewegung in Montgomery, der Hauptstadt des US-Staates Alabama, einer Bastion der Rassentrennung. Farbige und Weiße durften nicht zusammen im Taxi fahren, in den Bussen waren die Sitze streng voneinander getrennt. Wenn allerdings die Plätze für die Weißen nicht ausreichten, mussten ihnen die schwarzen Fahrgäste Platz machen.

Die 15-jährige Schülerin Claudette Colvin wurde aus dem Bus gezerrt, mit Handschellen gefesselt und ins Gefängnis gebracht, weil sie sich geweigert hatte, einem weißen Fahrgast ihren Sitz abzutreten.

Aber erst als 1954 die farbige Näherin Rosa Parks, eine freundliche, ruhige Frau mittleren Alters, aus demselben Grund inhaftiert wurde, begannen sich die Schwarzen Montgomerys gemeinsam und entschlossen zu wehren. 381 Tage lang gingen sie zu Fuß, fuhren per Anhalter, ritten manchmal sogar auf Maultieren zur Arbeit; durch das schwarze Viertel von Montgomery fuhren leere Busse.

Die Autobesitzer unter den Schwarzen gründeten eine Beförderungsgesellschaft, um ihre Mitbürger zum Arbeitsplatz zu bringen. Doch viele Schwarze verzichteten darauf, um ihren Protest unübersehbar deutlich zu machen.

Ein Autofahrer stoppte eines Tages neben einer alten Frau, die offensichtlich nicht besonders gut zu Fuß war. „Steig ein, Großmutter", ermunterte er sie, „du brauchst nicht zu laufen!" Sie lehnte das Angebot fröhlich ab: „Ich laufe nicht für mich, ich laufe für meine Kinder und Kindeskinder."

381 Tage hielten die Schwarzen von Montgomery ihren Boykott eisern durch, dann war das Busunternehmen am Rand des wirtschaftlichen Ruins. Das von den Schwarzen angerufene Oberste Bundesgericht der Vereinigten Staaten erklärte die Rassentrennung in den Bussen für verfassungswidrig.

Aus dem Bürgerrechtskomitee von Montgomery erwuchs eine Bewegung, die den ganzen amerikanischen Süden erfasste und überall in den Städten – unterstützt von immer mehr Weißen – um den ungehinderten Zugang zu Schulen, Kultureinrichtungen und Gaststätten kämpfte.

Pastor King, 26 Jahre alt, war damals gerade neu nach Montgomery berufen worden und hatte sich wie selbstverständlich an die Spitze der Protestbewegung gesetzt. Seine Gegner versuchten vergeblich, ihm etwas anzuhängen: Während der Geheimdienst CIA Kings Telefon und seine Bankverbindungen überwachte, ohne die erhofften Honoraranweisungen aus dem kommunistischen Ostblock zu entdecken, sprach er mit den Präsidenten Eisenhower und Kennedy, unterstützte die Bürgerrechtsgesetze im Kongress, forderte die Schwarzen zum militärischen Boykott des Vietnamkriegs auf und dachte über die Verflechtung von Rassenhass, Klassengesellschaft und imperialistischen Eroberungsgelüsten nach.

In Memphis im Bundesstaat Tennessee, wo gerade 1300 schwarze Müllarbeiter streikten, wurde Martin Luther King am 4. April 1968 von einem jungen Weißen erschossen, der drei Stunden lang mit einem Zielfernrohrgewehr auf ihn gewartet hatte.

Prominente Bürgerrechtler halten den drei Jahrzehnte später im Gefängnis gestorbenen James Earl Ray für unschuldig, oder sie zweifeln die Einzeltätertheorie an: King sei einer Verschwörung hochrangiger Militärs und Geheimdienstler zum Opfer gefallen.

Der Sarg des 39-jährig ums Leben gekommenen Baptistenpfarrers wurde auf einem Bauernkarren, den ein Maultiergespann zog, zum Friedhof gefahren – das traditionelle Begräbnis der armen Südstaatler. Er wünsche keine lange Beerdigung und keine großen Grabreden, hatte er ein paar Monate zuvor geäußert. Nur das sollte irgendjemand erwähnen, wenn es einmal soweit sei: „Martin Luther King versuchte, die Menschen zu lieben."

40 Jahre später wählten die Amerikaner mit Barack Obama ihren ersten schwarzen Präsidenten. Martin Luthers King Traum ist ein Stück weit in Erfüllung gegangen.

Das Recht des Kindes auf Achtung

Janusz Korczak, Arzt und Reformpädagoge
(1878/79–1942)

D er Tod ist ein Buchhalter: Vom 22. Juli bis zum 9. August 1942 werden täglich 10.000 polnische Juden aus dem Warschauer Getto in die Verbrennungsöfen des Konzentrationslagers Treblinka deportiert. Die Vernichtungsaktion wird von einem „Aussiedlungsstab" der SS mit einer unheimlichen Präzision durchgeführt, als ginge es um die Zählung von Kaufhaus-Kunden an einem Wochenende.

Aber es geht um Menschen, die sterben müssen, weil sie als Juden geboren sind. Irgendwann in diesen Tagen setzt sich in der Dzielnastraße ein gespenstischer Zug in Richtung Verladeplatz in Bewegung: Es sind die rund 200 Kinder des jüdischen Waisenhauses, begleitet von den Pflegerinnen. An der Spitze der Kolonne schreitet ein weißhaariger alter Mann, ausgemergelt, müde, aber die Augenzeugen des Todesmarsches erinnert er an einen biblischen Patriarchen.

Am Verladeplatz herrscht ein unbeschreiblicher Tumult. Tausende sind hier versammelt, Schreie und Flüche gellen durch die Luft, manchmal auch Schüsse, die SS prügelt mit Peitschen auf die Menge ein. Mütter suchen ihre verloren gegangenen Kinder, man sieht Familien, die sich weinend umarmen und mitten in dem Trubel Giftkapseln schlucken. Überall liegen Tote.

Das Warschauer Getto

Am 1. September 1939 überfiel die deutsche Wehrmacht das Nachbarland Polen. Vier Wochen später besetzten die Deutschen Warschau, wo mehr als 380.000 Juden lebten – die größte jüdische Gemeinde Europas. Sie mussten ab sofort den gelben Judenstern tragen, durften sich nicht mehr frei bewegen, mussten einen Großteil ihres Eigentums abgeben. Im Oktober 1940 pferchte man 400.000 Juden aus Warschau und Umgebung auf engstem Raum in einem eigenen Stadtbezirk zusammen und riegelte dieses Getto mit einer drei Meter hohen Mauer ab.

Die Lebensbedingungen waren katastrophal. Es gab viel zu wenige Lebensmittel und Medikamente. Zehntausende – vor allem Kinder und alte Menschen – starben an Hunger und Seuchen oder durch den Terror der Besatzungsmacht. Im Juli 1942 begannen die Nazis die Gettobewohner in die Vernichtungslager zu deportieren. Als im August 1943 das Getto endgültig vernichtet werden sollte, erhoben sich die 60.000 übrig gebliebenen Warschauer Juden und leisteten den deutschen Truppen mehrere Wochen lang erbitterten Widerstand – mit ein paar hundert Pistolen, Molotowcocktails und wenigen Handgranaten. Die meisten starben. Als die Deutschen das gesamte Getto in Brand geschossen hatten, verschleppten sie die Überlebenden in die KZs Treblinka und Majdanek.

Der Waisenhausarzt Janusz Korczak führt seine 200 Schützlinge sicher durch das Chaos. „Mühsam setzte Korczak einen Fuß vor den anderen", erinnert sich ein Augenzeuge, der Sohn eines befreundeten Mediziners. „Mir ist, als hätte ich ihn ‚Warum?' murmeln hören […] Eins von den Kindern hielt Korczak am Rockschoß, vielleicht an der Hand; sie gingen wie in Trance."

Mehrfach ist bezeugt, dass der deutsche Platzkommandant den Arzt erkannte, der auch ein bekannter Schriftsteller war. Als Kind habe er seine bitteren Märchen gelesen, sagt er zu ihm, als alle schon im Waggon sind. „Ein gutes Buch. Steigen Sie aus."

„Und die Kinder?"

„Die Kinder fahren. Aber Sie können hierbleiben."

„Sie irren sich", antwortet Korczak nach den Zeugenberichten. „Nicht jeder ist ein Schuft." Und schlägt die Waggontür hinter sich zu.

Das Kind ist schon ein Mensch

Janusz Korczak ist ein Autoren-Pseudonym, das er sich bereits als Student zulegte. Eigentlich hieß er Henryk Goldszmit. Er kam als Sohn eines jüdischen Rechtsanwalts in Warschau an einem 22. Juli zur Welt, ob im Jahr 1878 oder 1879, weiß man nicht so genau, eine Geburtsurkunde existiert nicht. Die Goldszmits waren eine angesehene Familie, kulturell „assimilierte", aufgeklärte Juden, die zugleich Polen sein wollten. Was den kleinen Henryk nicht davor bewahrte, schon früh das Stigma seiner Herkunft zu spüren.

Henryk, pardon: Janusz, begann Medizin zu studieren – „Medizin, das sind Taten!" –, finanzierte sein Studium durch Kurzgeschichten, Romane, Feuilletonbeiträge, machte Praktika in Berlin, Paris, London, wurde ein hervorragender Kinderarzt. Die Kommunisten mochte er nicht, aber ihre Kinder und die von Lehrern und Journalisten behandelte er kostenlos; von seinen reichen Patienten verlangte er dagegen „wahre Professorenhonorare" (Korczak) – privat geübter Sozialismus mit Fantasie.

1911 übernahm Korczak die Leitung des neu gegründeten Waisenhauses *Dom Sierot* und machte es – gemeinsam mit hochbegabten Mitarbeiterinnen wie Maryna Falska und Stefania Wilczyńska – zu einem Musterprojekt: „Hausherr, Mitarbeiter und Leiter des Hauses wurde – das Kind." Die Kinder selbst sorgten für Ordnung und Sauberkeit im Haus, sie arbeiteten in einer Buchbinderei und einer Tischlerwerkstatt mit, die weiter Fortgeschrittenen betreuten die im Unterricht Schwächeren und versorgten ihre kranken Kameraden.

Natürlich war die Wirklichkeit auch im *Dom Sierot* rau und desillusionierend. Korczak berichtet vom Misstrauen, das ihm von den aus schwierigsten Verhältnissen kommenden Kindern entgegenschlug, von kleinen Bosheiten und zähem Widerstand, von der Kluft zwischen emanzipatorischem Ideal und notwendiger Disziplin. Sechzehn Stunden am Tag – und in der Nacht! – verfügbar sein. Sich auf hundert völlig unterschiedliche Persönlichkeiten einstellen müssen. Die Langsamen verstehen, die Hastigen bremsen. Aggressionen nicht ersticken, sondern beim möglichst vernünftigen Umgang mit ihnen helfen. Nebenher war noch ein zweites Haus aufzubauen, weil das erste aus allen Nähten platzte.

Vielleicht ist Korczak an all diesen Anforderungen nur deshalb nicht zerbrochen, weil er – bei allen autoritären Anwandlungen – demütig und selbstkritisch blieb. Gegen den Anspruch der Aufklärungspädagogik, mit der richtigen Erziehung könne man die Welt verändern, setzte Janusz Korczak die bescheidene Aufmerksamkeit für alltägliche Sorgen und Probleme, dazu einen heiligen Respekt vor der individuellen Würde jedes Menschenkindes.

„Unter dem gleichen Kittel schlagen hundert verschiedene Herzen. Hundert Kinder – hundert Menschen, die nicht irgendwann einmal, sondern schon jetzt, schon heute Menschen sind. Keine Liliputwelt, sondern eine richtige Welt mit ihren Werten, Tugenden, Lastern, Bestrebungen und Wünschen, die durchaus nicht klein und gering, sondern wichtig sind, und nicht unschuldig, sondern eben menschlich.“ [24]

Korczaks Grundidee war einfach: Das Kind verdient Respekt, so wie es ist. *Das Recht des Kindes auf Achtung* heißt eines seiner bekanntesten Bücher. Es ist bereits ein Mensch, es wird nicht erst später einer werden, wenn es den Erwachsenen passt.

Kameradschaftsgericht und Kinderparlament

Ein blauäugiger Fantast ist Janusz Korczak nie gewesen. Er hat auch Kinder aus seinen Häusern verwiesen, weil sie – wie man es heute ausdrücken würde – nicht therapierbar waren. Für Dr. Korczak ist das Kind genauso vernünftig und so unvernünftig wie der Erwachsene, deshalb braucht es Regeln des Zusammenlebens – aber die werden von den Kindern selbst gefunden und ausgehandelt. Das war in der Geschichte der Pädagogik ein ganz neues Experiment, und es hat auch nicht gerade blendend funktioniert.

Die Heimleitung hatte ein wöchentlich tagendes Kameradschaftsgericht und einen *Sejm*, ein Kinderparlament, eingeführt. Die Strafen, geordnet von Paragraph 100 bis zu Paragraph 1000: Rügen, Verweise, ein Bericht in der Wandzeitung, ein Brief an die Familie, Betreuung durch ein älteres Kind – im schlimmsten Fall der Hinauswurf aus dem Haus.

> *„Das Gericht wacht darüber, dass der Große dem Kleinen nichts antut und der Kleine den Älteren nicht stört. Dass der Zänkische die anderen nicht quält, aber dass auch er nicht schikaniert wird.*
> *Die Richter werden vergeben, wenn jemand im Zorn oder im Scherz zugeschlagen hat. Die Richter werden nicht vergeben, wenn jemand sich nicht bemüht und sich nicht bessern will.“* [25]

Doch die Kinder waren überfordert. Sie betrachteten das Kameradschaftsgericht als Spiel oder, schlimmer noch, als eine lästige Hausaufgabe. Korczak:

„Die Richter kamen überein, entweder gar nicht zu verurteilen oder ganz milde Urteile zu sprechen. Denn das war bequemer. Schließlich kam es dazu, dass ein Richter einen anderen schlug, weil der so geurteilt hatte, wie es ihm das Gewissen befahl." [26]

Vielleicht hätten solche Experimente zu einer reifen Form gefunden, wäre Korczak nicht so isoliert gewesen. Denn obwohl das 1918 unabhängig gewordene Polen eine sehr fortschrittliche Sozialgesetzgebung hatte, stand er mit seiner Reformpädagogik allein. Der Staat legte Wert auf eine einheitliche, national ausgerichtete Erziehung, da musste Korczaks Orientierung an den individuellen Interessen und Fähigkeiten der Kinder auf Misstrauen stoßen. Außerdem war er als Jude verdächtig; „Dreckige Juden" schmierten unfreundliche Nachbarn an die Fassade des Waisenhauses, und: „Juden nach Palästina!"

Tatsächlich dachte Korczak 1937 über eine Auswanderung nach Jerusalem nach, entschloss sich aber zu bleiben. Er liebte Polen – und seine Kinder. Im Oktober 1940 musste das Waisenhaus ins Getto umziehen. Dr. Korczak ging betteln, als der Hunger immer größer wurde. 1942 dann die Deportation nach Treblinka.

Wie die Kinder dort starben, ob man sie an den Füßen packte und gegen Baumstämme schleuderte, wie es oft genug geschehen ist, oder ob sie in einen „Duschraum" geführt und vergast wurden, ist genauso unbekannt wie das Todesdatum von Dr. Janusz Korczak. Auf dem Jüdischen Friedhof in Warschau hat man ihm einen symbolischen Grabstein gesetzt. Es zeigt ihn, wie er seinen Kindern in den Tod voranschreitet.

Glasnost im Namen Gottes

Aleksandr Men, russischer Erzpriester
(1935–1990)

A ls noch Nikita Chruschtschow regierte und die Sowjetunion ein Riesenreich
war, zusammengehalten von einer eisernen Doktrin, pilgerte die russische
Intelligenzija scharenweise in das Dorf Nowaja Derewnja zwischen Moskau
und Sagorsk. Hier amtierte ein Dorfpope, der gegen das Betondenken in Gesellschaft
und Kirche kämpfte, der sich für die Neuaufbrüche in östlicher und westlicher Kultur begeisterte und den tröstenden Glauben des alten Russland in ein Gespräch mit
der modernen Welt zu bringen suchte.

Am 3. September 1935 – Stalin stand auf dem Höhepunkt seiner Macht – wurde
der kleine Aleksandr Wladimirowitsch Men von einem im Untergrund lebenden
Priester getauft, zusammen mit seiner Mutter, einer Jüdin. Der Mitgliedschaft bei
den *Jungen Pionieren* konnte er sich nicht entziehen. Aber zu Hause las er die ver-
botenen Religionsphilosophen, und in einer der wenigen noch geöffneten Moskauer
Kirchen sang er im Chor mit.

Als er dreizehn war, bat er im Theologischen Seminar von Sagorsk um Aufnahme,
wurde allerdings höflich abgewiesen, weil er noch so jung sei. Die Kleriker dürfte
eher das Engagement von Mens Familie für die zionistische Bewegung, das heißt
einen jüdischen Nationalstaat in Palästina, gestört haben. Aleksandr studierte jetzt
eben auf eigene Faust, daheim, wie ein Besessener. Biologe wollte er werden. Mit
viel Glück fand er einen Studienplatz in einem kleinen Institut, das kurz darauf ins
sibirische Irkutsk umzog. Dort, in den Weiten der Tundra, forschte der Biologe Men
nach den Geheimnissen tierischen Lebens.

So nebenbei eignete er sich den Lehrstoff der orthodoxen Priesterausbildung an;
in seiner Schultertasche trug er immer eine Bibel mit sich herum. Spitzel des Ge-
heimdienstes KGB beobachteten seine Aktivitäten in der Gemeindekirche. Kurz

vor dem Examen flog der als Jude und Christ doppelt Gebrandmarkte von der Hochschule.

Unverdrossen komplettierte er fortan sein privates Theologiestudium an der Sagorsker Akademie, die ihm nun die Tore nicht mehr verschließen wollte, heiratete eine Studienkollegin und wurde 1960 zum Priester geweiht. Kaum hatte Men an der Kirche von Tarasovka nahe Moskau zu arbeiten begonnen, setzten die Schikanen des KGB ein und denunzierte ihn der eigene Pfarrer bei kirchlichen und weltlichen Autoritäten.

„Ein Christentum, das ausgrenzt, verarmt"

Men wurde in das Dörfchen Nowaja Derewnja versetzt, wo er in einer altersschiefen Datscha am Waldrand wohnte. Den Fabrikarbeitern in den grauen Mietskasernen und den Kolchosenbauern predigte er, wenn sie den Weg zu ihm fanden, einen sehr praktischen Glauben: Religion ermutige zum Handeln!

Wer mit dem Priester Men sprach, erlebte ein intellektuelles Feuerwerk: Der Mann sprühte von Geist und Witz; Bilder, Zitate, komische Wortspiele sprudelten nur so aus ihm hervor; man konnte ihn Dantes *Göttliche Komödie* rezitieren hören, während er seine Gartenpflanzen goss. Die verschlungenen Gedankengänge klassischer Theologie in Ost und West beherrschte er ebenso gut wie die erregenden Suchvorgänge in den Naturwissenschaften.

> *„Ein Christentum, das nicht Leben in Fülle lehrt, sondern Aus- und Abgrenzung, amputiert sich selbst, es verarmt."*

Ängstlichen Gemütern in beiden Blöcken, dem stur atheistischen Lager und den ins Getto verkrochenen Kirchenleuten, musste so ein freier Geist unheimlich sein – in einem Land, in dem die Toleranz kaum Tradition hat. Antisemitische Pogrome gehören zur russischen Geschichte wie der mörderische Frost zum sibirischen Winter. Gorbatschows Glasnost beförderte mit den lange unterdrückten Freiheitsregungen auch die schlimmsten Instinkte von Nationalismus und Antisemitismus an die Oberfläche.

Und dieser unpatriotische Dorfpope empfand es als „besondere Verantwortung", demselben Volk anzugehören wie Jesus und die Propheten, und er schrieb gefährliche Essays über die gemeinsamen Wurzeln von Judentum und christlichem Glauben!

Mens Bücher richteten sich an Skeptiker und Suchende. In Brüssel unter Pseudonym gedruckt, kursierten sie im Untergrund. Sein siebenbändiges Kompendium der Religionsgeschichte ist getragen von der Idee, dass die Geschichte der Menschheit das Drama einer immer neuen Entscheidung zwischen Liebe und Hass, Hoffnung und Verzweiflung ist. Mittendrin Christus als Achse und Zielpunkt menschlicher Evolution.

Der Geheimdienst legte eine umfangreiche Akte an, unter dem vielsagenden Codenamen *Missionar*. Es gab immer wieder Hausdurchsuchungen, man bestellte ihn zum Verhör in die berüchtigte *Lubjanka*, eine Art Gestapo-Hauptquartier mit dicken Wänden und geräumigen Folterkellern, oft mehrmals in einer Woche. Die Presse entfachte Hetzkampagnen.

„Jesus Christ Superstar" in Moskau

1985 war Michail Gorbatschow an die Macht gekommen – für viele im Westen eine Lichtgestalt, weil er den kommunistischen Traum durch intelligente Reformen und geistige Öffnung zu retten suchte, aus sowjetischer Perspektive eher eine tragische Figur, welche den Auflösungsprozess des Riesenreiches beschleunigte. Für Aleksandr Men bedeuteten *Glasnost* (Transparenz) und *Perestroika* (Umgestaltung des Systems) freilich den Durchbruch zur öffentlichen Breitenwirkung. Der mittlerweile zum Erzpriester Beförderte wurde zum Medienstar; Rundfunkstationen und Fernsehsender rissen sich um ihn. Auftritte in Messehallen, Universitätshörsälen, Talkshows.

Gott war kein Tabu-Thema mehr, die Menschen hungerten nach tragfähigen Werten. Die Kinder der Parteibonzen hängten sich goldene Kreuzchen um den Hals und drängten in die Rock-Oper *Jesus Christ Superstar*, die im Mossowjet-Theater fast 200-mal aufgeführt wurde. Men freute sich über die neue Freiheit des Denkens; aber er warnte, die jetzt den Gläubigen zurückgegebenen Kirchen würden schön restaurierte Museen bleiben, „wenn wir nicht die Herzensumkehr vollziehen"!

Zu seinem Lieblingsthema wählte er den wild aufschießenden militanten Nationalismus und Antisemitismus. Bei einem Fernsehauftritt sagt Men:

> *„Wo immer sich der Chauvinismus breitmacht, ganz gleich in welchem Volk, stimmt uns das traurig. Ich bin überzeugt, dass die Religion dabei nur als Vorwand benutzt wird."*

Denn christliche Fundamentalisten, einstige KGB-Generäle und neue Rechtsradikale träumten von einem neuen Großrussischen Reich und neue zur Hetzjagd auf

Demokraten, Pazifisten und Juden. Die um Lebensmittel und Heizmaterial Schlange stehenden Menschen nahmen solche Parolen in ihrer Angst nur allzu gern auf. Vergeblich appellierte Men an seine Landsleute: „Das Eigene lieben heißt nicht das Fremde hassen!"

Lynchstimmung kam auf, Men erhielt Morddrohungen. Finster blickende Männer in schwarzen Limousinen beschatteten ihn auf Schritt und Tritt. Als Men einen festen wöchentlichen Sendeplatz im Fernsehen und die Leitung einer Theologischen Sonntagsakademie in Moskau angeboten bekam, forderte man ihn auf, Russland zu verlassen, oder man werde ihn zu beseitigen wissen.

Am 9. September 1990 verlässt Men wie an jedem Sonntagmorgen um halb sieben Uhr früh seine Datscha, um mit der *Elektritschka* zur Pfarrkirche zu fahren und dort die Liturgie zu feiern. Der Weg zur Haltestelle führt durch ein Waldstück. Ein unbekannter Mann spricht ihn an; plötzlich stürzt ein zweiter hinter einem Baum hervor und schlägt ihm eine Axt über den Kopf.

Die Wunde ist nicht sehr tief, aber mehrere Arterien sind verletzt. Blutend torkelt der Priester ein paar hundert Meter zurück zu seinem Haus. Natalja, seine Frau, ruft die Ambulanz an, doch als die Helfer eintreffen, ist er schon tot.

Offiziell ist der Mord bis heute ungeklärt. „Man will den Mörder nicht finden, sonst hätte man ihn längst gefunden", vermuteten Insider. Für sie war von Anfang an klar, wer die Verantwortung für seinen Tod trägt: rechtsextreme Kräfte in der Kirche, im Geheimdienst, in der militanten *Pamjat*-Bewegung. Einer ihrer Führer, Dimitri Wassilej, bekräftigte vor der Fernsehkamera: „Men war ein Ketzer, und es war richtig, ihn zu töten."

Doch statt im rechtsradikalen Sumpf zu sondieren, legte die Staatsanwaltschaft den vernommenen Zeugen allen Ernstes die Frage vor, ob es keine Anzeichen für einen jüdischen Ritualmord an dem Priester gebe.

Tod am Amazonas

Chico Mendes, Gewerkschafter und
Umweltschützer (1944–1988)

Schon als kleiner Junge lernte der 1944 auf einem *Seringal*, wie die Kautschuk-
plantagen in Amazonien heißen, geborene Francisco Alves Mendes Filho, den
sie später nur Chico nannten, das harte, eintönige Leben der Kautschukzapfer
kennen: Mit seinem Vater ging er am Nachmittag und Abend die bis zu 30 Kilometer langen, von Gummibäumen gesäumten Wege im Seringal ab. Sie ritzten die
Bäume an und schleppten Hunderte von Bechern mit, in denen sich der während
der Nacht ausfließende Latex sammeln sollte. Wenn der Morgen graute, machten sie
sich zum zweiten Mal auf den langen Weg, eine Kerosinlampe auf dem Kopf, um
den Latex einzusammeln.

Ende des 19. Jahrhunderts hatten weiße Abenteurer das Land um den Amazonas
aufgekauft und das einträgliche Geschäft mit Kautschuk entdeckt. Die sogenannten
„Gummibarone" holten Arbeitssklaven aus dem armen Nordosten Brasiliens nach
Amazonien und machten sagenhafte Gewinne. Die Gummizapfer bekamen davon
nichts. Sie mussten ihren bescheidenen Lohn bei den „Baronen" gegen die Dinge
des täglichen Bedarfs eintauschen und sich verschulden, denn die *patrãos* verlangten
hohe Preise für Reis, Brot und Kleidung.

Anders als viele seiner Kameraden sah Chico in dieser Spirale von Ausbeutung
und Abhängigkeit kein unabänderliches Schicksal. Als er älter wurde, ließ er sich an
den Wochenenden das Lesen und Schreiben beibringen. Er begann Zeitungen zu
lesen und Alphabetisierungskurse zu organisieren. Und dann taten Chico und seine
Freunde etwas Unerhörtes: Sie verkauften den Latex an Händler, die ihnen bessere
Preise zahlten als die Gummibarone und weniger für die Lebensmittel verlangten.

Barrikaden aus Menschenkörpern

Die Gewerkschaft, die Chico zum Ärger der Landbesitzer aufbaute, interessierte sich aber nicht nur für die Arbeits- und Lebensbedingungen der Gummizapfer und ihrer Leidensgenossen, die Paranüsse sammeln oder Früchte und Pflanzenfasern ernten. Sie solidarisierte sich mit den indianischen Ureinwohnern und begann, Widerstand gegen die Zerstörung des Regenwaldes zu leisten.

1976, als Großgrundbesitzer wieder einmal ein Waldgebiet abholzen wollten, um es in Viehweiden zu verwandeln, bildeten 70 Kautschukzapfer eine Menschenkette und hinderten die Traktoren am Weiterfahren. Sie bauten das Lager der Arbeiter einfach ab und machten sie in erregten Diskussionen zu ihren Verbündeten. Als die Gummibarone *pistoleiros* schickten, stellten sich Frauen und Kinder den Bewaffneten entgegen.

In den folgenden Jahren wurden immer wieder Holzfällertrupps vertrieben. Mendes forderte Schutzgebiete für die Gummizapfer und Nüssesammler und für die indianischen Waldvölker, um ihnen ihre traditionelle Lebens- und Wirtschaftsweise zu ermöglichen: das Sammeln nachwachsender Waldprodukte auf großen Flächen. Mit ihren gewaltfreien Blockadeketten schafften es die Gewerkschafter tatsächlich, mehrere tausend Hektar Wald zu retten.

> „Wir haben den schnellen Zerfall längst lebensunfähiger Herrschaftsformen im Osten Europas miterlebt. Zugleich aber entwickelte sich, zunächst fast unbemerkt von der Öffentlichkeit der großen Industrienationen, in den menschenreichen Kontinenten des Südens eine neue politische Bewegung. Sie wird getragen von Milliarden überwiegend jugendlicher Widerständler und könnte das durch den Untergang des bürokratischen Sozialismus entstandene Vakuum füllen.
>
> Der Kampf wird nicht von oben dirigiert, sondern aus Tausenden und Tausenden „Graswurzeln" gespeist, von Gruppen, Vereinigungen, Initiativen, in denen jeweils einige Dutzend, höchstens einige hundert Entschlossene sich zusammenfinden, um miteinander für ihre nahen, unmittelbaren Interessen zu kämpfen.
>
> [...] Nur so wird das Leben sich gegenüber den Mächten des Todes behaupten können." [27]

Mit der Zeit wurde auch die Weltöffentlichkeit auf den gewaltlosen Kampf aufmerksam, den Chico Mendes und seine 1977 gegründete Gewerkschaft führten. Immer mehr Menschen begriffen: Das Klima auf der ganzen Erde und die Lebensqualität des Planeten sind bedroht, wenn die Zerstörung der riesigen Regenwälder weitergeht, um Holzkohle für die Erzverhüttung und Weideland für Rinderherden zu gewinnen, um Wasserkraftwerke und Eisenbahnlinien zu bauen.

Auch die Nordamerikaner und Europäer begannen einzusehen: Die Rinderweiden auf dem einstigen Waldboden, die Billigfleisch für die beliebten Fastfood-Ketten liefern, und die endlosen Sojafelder, die Futtermittel für die Fleischindustrie erzeugen, sind ein Geschäft mit dem Tod. Denn am Amazonas befindet sich das artenreichste Biotop der Welt – und ein Drittel des Regenwaldes der Erde. Die Gier nach schnellem Profit hat davon bereits mehr als zwei Millionen Quadratkilometer vernichtet, in einem einzigen Jahr ein Gebiet von der Größe Belgiens.

 ## Regenwald

heißt das riesige Waldgebiet im Amazonasbecken deshalb, weil hier jedes Jahr im Schnitt zweieinhalb Meter Regen fallen. Diese Sintflut dient der artenreichsten Ansammlung von Leben auf der Erde als Nahrungsgrundlage. Wenn der Regenwald stirbt, verändert sich das Klima, und das ökologische Gleichgewicht des Globus gerät aus der Balance.

Vor allem ausländische Konzerne der Holzindustrie sind dafür verantwortlich, dass pro Sekunde Tropenwälder von der Größe eines Fußballfeldes oder pro Minute 50 Hektar abgeholzt und abgefackelt werden – weltweit jedes Jahr eine Fläche, zweieinhalb mal so groß wie Österreich. Wenn die Zerstörung in diesem Ausmaß weitergeht, wird in vierzig Jahren der letzte Regenwaldbaum gefällt sein.

Regenwald gibt es nicht nur am Amazonas, und er ist überall gefährdet: An der Elfenbeinküste sind von ursprünglich 15 Millionen Hektar noch knapp drei Millionen übrig. In Madagaskar und in Costa Rica sind jeweils 80 Prozent des Tropenwaldes vernichtet, in Panama droht durch die Vernichtung der Wälder der Panamakanal zu versanden, in Kamerun gefährdet das Waldsterben Tierarten wie Gorillas und Schimpansen, in Südostasien kommt es durch die massive Abholzung immer häufiger zu verheerenden Überschwemmungen.

Die Weltbank machte den einstigen Analphabeten Chico Mendes zum Berater für Amazonasfragen, die UNO zeichnete ihn mit Preisen aus. Doch die Gummibarone packte die kalte Wut. In der *União Democratica Ruralista*, dem mit Regierung und

Polizei eng vernetzten Großgrundbesitzer-Verband, kursierten bald schwarze Listen von Aufrührern, die umgebracht werden sollten. Ganz oben stand jedes Mal Chico Mendes.

Ein Killer kostet 20 Euro

Damals war es für die Landbarone ganz normal, rebellische Kleinbauern, kritische Priester oder linke Politiker umbringen zu lassen; ein Killer kostete – nach heutigem Geld – 20 Euro. In einem Jahrzehnt starben in Brasilien mehr als tausend Menschen bei Auseinandersetzungen um Landbesitz.

Chico Mendes erhielt zahlreiche Morddrohungen. Sein ärgster Feind wohnte gleich in der Nachbarschaft: der Großgrundbesitzer und Viehzüchter Darly Alves da Silva. Am 22. Dezember 1988 erschossen ihn Silvas Leute – wie sich später herausstellte, sein Sohn und einer seiner Viehhirten – mit Schrotflinten auf der Veranda von Mendes' Haus in Xapuri; sie hatten im Gebüsch versteckt gelauert. Erst nach internationalen Protesten wurden die von Landbesitzern und korrupten Beamten gedeckten Mörder verhaftet und zu neunzehn Jahren Gefängnis verurteilt. Die anderen Morde an Gewerkschaftsführern und rebellischen Landarbeitern – es waren Hunderte – wurden niemals untersucht und geahndet. Und auch Mendes' Mörder kamen schon nach fünfzehn Monaten wieder frei. 2009 entschloss sich die brasilianische Regierung endlich, seiner Witwe eine Rente zu zahlen.

Für seine Beerdigung hatte sich Chico ausdrücklich keine Blumen gewünscht: Blumen seien ein Raub am Wald.

Ein Mord mit Folgen

Der Mord an Chico Mendes veränderte Lateinamerika. Zum einen richtete die brasilianische Regierung nun verstärkt die von Mendes geforderten Schutzreservate ein, und 1990 wurde eines davon nach ihm benannt. Zum anderen radikalisierten sich die Agrarbewegungen und erhoben politische Forderungen, die über den landwirtschaftlichen Bereich weit hinausgingen.

Siebzehn Jahre nach „Chicos" Tod wiederholte sich die Geschichte auf makabre Weise: Am 12. Februar 2005 erschossen Auftragsmörder im brasilianischen Bundesstaat Pará die amerikanische Ordensfrau Dorothy Stang, weil sie sich im Kampf gegen die Abholzung des Regenwaldes und die Vertreibung der Kleinbauern Feinde gemacht hatte. Als sie der Regierung in Brasilia die Landrechte für 600 Familien abtrotzte, steckten Schlägertrupps Hütten von Bauern in Brand, und Großgrundbesitzer setzten ein Kopfgeld von 3000 Euro auf die 73-jährige Nonne aus.

„Jeder ist ein Ungläubiger"

Thomas Merton, Trappistenmönch und Bestsellerautor (1915–1968)

1940 bewarb sich bei den New Yorker Franziskanern ein seltsamer Vogel um die Aufnahme in den Orden: ein quirliger Tausendsassa, 25 Jahre alt, eben erst getauft, Englischlehrer mit Studienabschlüssen in Jura und französischer Literatur, ehemaliger Dolmetscher, Reklamezeichner, Pianist, Witzblattredakteur, mit einer schwer definierbaren Leidenschaft für das Religiöse.

Ein Hindu-Mönch hatte ihn auf den heiligen Augustinus aufmerksam gemacht, mit Freunden aus der Anarchistenszene diskutierte er nächtelang über mittelalterliche Philosophie. Ein zerrissener Wahrheitssucher, schwankend zwischen fröhlicher Selbstironie und finsterer Verzweiflung, ein hartnäckig Fragender, der jetzt endlich Nägel mit Köpfen machen wollte: Thomas Merton.

Doch seine bewegte Lebensgeschichte schreckte die Franziskaner ab. Hatte er nicht als Student in Cambridge als Schluckspecht und Weiberheld gegolten, hatte er nicht einen unehelichen Sohn gehabt (der samt seiner Ex-Geliebten bei einem Luftangriff auf London gestorben war)? Man könne ihn leider nicht brauchen, hieß es. Merton beschloss, nun eben privat wie ein Mönch zu leben, gab die Zigaretten auf, von denen er bis zu vierzig pro Tag gepafft hatte, und begann die Fühler nach einem noch strengeren Orden auszustrecken, nach den Trappisten, denen damals in Amerika die jungen Leute in Scharen zuliefen.

Diese Mönche mit den kahl geschorenen Köpfen, die auf den Feldern Rüben hackten, auf einem Strohsack schliefen und jeden Tag fünf Stunden betend und singend im Chorgestühl der Kirche verbrachten, das waren die richtigen Gefährten für ihn und die geeigneten Begleiter für ein Leben, das er immer als Entdeckungsreise verstanden hatte.

„Warum war alles so leer?"

1915 kam Thomas Merton in Prades in den französischen Pyrenäen als Sohn eines Neuseeländers und einer Amerikanerin zur Welt. Seine Eltern waren Künstler, großzügige, weltbejahende Menschen, aber unstet, immer unterwegs. Thomas ging in den USA, in Frankreich und England zur Schule; seine Schulhefte füllte er mit abenteuerlichen Romanen.

Mit sechs Jahren verlor er die Mutter, mit 16 den Vater. Er sehnte sich nach Heimat, er hatte alles verloren: Familie, Vertrauen, Gott, Himmel. „In diesem Jahr", erinnert er sich, „warf meine dürre Seele die letzten Spuren der Religion, die je in ihr gewesen waren, aus ihrer harten Schale."

Thomas kam bei Freunden seines Vaters unter, wurde ins Internat gesteckt, bestand die Aufnahmeprüfung in Cambridge. Die Clique um Merton zog durch die Kneipen, Thomas schuf sich einen Ruf als Radaubruder, Karikaturist, Ruderer und Schlagzeuger. Er wollte die Welt an sich reißen, benutzen, plündern – und fragte später in seiner Autobiographie: „Warum war alles so leer?"

Thomas wechselte nach New York über, an die Columbia University in unmittelbarer Nachbarschaft des Negergettos Harlem mit seiner explosiven Atmosphäre. Er interessierte sich für die Psychoanalyse, hielt politische Reden, fühlte sich „arm und elend" – und fand langsam, schüchtern, zweifelnd zu einem Gott, der Ruhe bedeutete, Sinn und totale Liebe.

> *„Wenn ich Ihn mit großer Leichtigkeit finde, ist Er vielleicht nicht mein Gott.*
> *Wenn ich nicht hoffen darf, Ihn überhaupt zu finden, ist Er dann mein Gott?*
> *Wenn ich Ihn überall finden kann, wo ich es wünsche, habe ich Ihn dann gefunden?*
> *Wenn Er mich überall findet, wo Er es wünscht, und mir sagt, wer Er ist und wer ich*
> *bin, und wenn ich dann erkenne, dass Er, den ich nicht finden konnte, mich gefunden*
> *hat – dann weiß ich, es ist der Herr, mein Gott. Er hat mich mit dem Finger berührt,*
> *der mich aus Nichts erschaffen hat."* [28]

Er schlich sich im Morgendämmer in eine Kirche, verstand so gut wie nichts von der Messe, ahnte aber eine Fülle von Kraft und Leben hinter den dunklen Riten. Kein Engel, der ihn aufmunternd bei der Hand nahm. Er wusste nur, dass er nicht länger unschlüssig an der Tür stehen bleiben konnte.

Er beschloss, alles auf eine Karte zu setzen. 1941 bewarb er sich bei den Trappisten von Gethsemani in Kentucky. Noch bevor eine Antwort vom Orden kam, verschenkte er seine Anzüge und Bücher und warf sämtliche Romanmanuskripte in den Ofen.

In das Herz der Welt eintauchen

Die Mönche nahmen ihn tatsächlich auf. Ihr hartes Leben schätzte er trotz der mageren Kost und des mörderischen Klimas. Er liebte die Arbeit auf den steinigen Äckern: „Es macht einen so fest wie das Land, auf dem wir leben. Das gibt einem eine Schreibmaschine nicht."

Die Schreibmaschine! Immer noch träumte er von der Schriftstellerei. Es blieben ihm freilich höchstens zwei Stunden am Tag, um Gedichte, Meditationen, Essays über das Wesen des Klosterlebens zu verfassen. Seine Autobiografie *The Seven Storey Mountain*, „Der Berg der sieben Stufen", wurde rasch zum Bestseller (600.000 Stück in der Originalausgabe).

Seine Leser sind bis heute fasziniert von der Ehrlichkeit, mit der er seine inneren Kämpfe schildert, und von der Leidenschaft, mit der er um den Glauben ringt. Thomas Merton hatte gelernt, dass religiöses Leben aus dem Dunkel, aus dem Scheitern wächst. Christentum, so schrieb er in einer Anleitung zum betrachtenden Beten, sei eine Religion für Menschen, die den tiefen Riss im menschlichen Dasein erlebt hätten, ein schwieriger Glaube, vergleichbar einem Leben im Unterseeboot: „Jeder ist mehr oder weniger ein Ungläubiger."

> „Am Anfang, als ich Mönch wurde, ja, da war ich mir sicherer, über ‚Antworten' zu verfügen. Aber je älter ich im Mönchsleben werde und je tiefer ich in die Einsamkeit eindringe, desto deutlicher werde ich mir dessen bewusst, dass ich erst damit angefangen habe, die Fragen zu suchen.
> Ich spüre die Berufung, eine Wüstenzone des menschlichen Herzens zu erforschen, in der die Erklärungen nicht mehr ausreichen und in der man lernt, dass einzig die Erfahrung zählt. Und in dieser Zone habe ich gelernt, dass man die wirkliche Hoffnung unmöglich kennen lernen kann, ehe man nicht erfasst hat, wie sehr die Hoffnung der Verzweiflung gleicht." [29]

Tausende lassen sich noch heute von der ruhigen Sicherheit dieses chronisch überarbeiteten Mönchs führen. Man hatte ihn zusätzlich zu einer Art Tutor für den Ordensnachwuchs gemacht, der jedem der rund vierzig Novizen eine Stunde Privatgespräch pro Woche widmete, die Vorlesungen und Einführungskurse nicht mitgerechnet.

Asbestpapier für das Fegfeuer

Der arme Thomas Merton träumte von der Einsamkeit eines Eremitenlebens. Dazu kamen ständige Streitigkeiten mit dem Abt, der Mertons ideenreichen Dickschädel durch kleinliche Schikanen und schließlich durch ein mehrjähriges Schreibverbot zu zähmen suchte. In seinem Tagebuch lässt Merton erkennen, wie schrecklich dieses Zuchtmittel für ihn gewesen sein muss: „Vielleicht werde ich noch auf meinem Sterbebett schreiben, ja sogar ein bisschen Asbestpapier mit hinübernehmen, um im Fegfeuer zu schreiben."

Je mehr es ihm gelang, sich in die ersehnte Einsamkeit zurückzuziehen, desto näher kam er den politischen Auseinandersetzungen und den Problemen, die der US-Gesellschaft unter die Haut gingen. Man erlaubte ihm, in eine selbstgebaute Klause hoch über den Hügeln von Kentucky zu ziehen. In dieser wüstenhaften Abgeschiedenheit erfuhr er eine wunderbare Freiheit – wer könne beim Frühstück schon laut singen, wenn nicht ein Eremit? – und traf bald die ganze Welt. Er korrespondierte mit atheistischen Schriftstellern, christlichen Kriegsgegnern, militanten Bürgerrechtlern. Er traf Jerusalemer Professoren und japanische Zen-Meister. Er schrieb über Bob Dylan und absurdes Theater, atomare Rüstung und zivilen Widerstand.

Merton kämpfte gegen das militärische Engagement seines Landes in Vietnam, entlarvte geschäftliche Interessen als Kriegsgrund, warf der Politik vor, Millionen Menschen den Interessen eines Systems opfern zu wollen, und beklagte die Verstrickung vieler Katholiken in den Rassismus. Er entwickelte ein immer stärkeres Interesse für die Religionen des Ostens und träumte davon, christliche und buddhistische Erfahrung zu verschmelzen, asiatische Pfade der Erleuchtung in eine christliche Mönchsexistenz zu integrieren.

Der neue Abt von Gethsemani ermöglichte es ihm 1968, zu einem großen Treffen asiatischer katholischer Mönche nach Bangkok zu reisen. Er machte sich auf den Weg als ein Pilger zu den alten Quellen von Vision und Erfahrung. Merton begegnete islamischen Sufi-Mystikern, Zen-Buddhisten, Ramakrishna-Mönchen. Begeistert berichtet er von der inneren Klarheit und spontanen Herzlichkeit dieser Menschen: Hier, im Bereich der Tiefenerfahrung, könnten sich die Religionen treffen.

Nach einem Vortrag in Bangkok fand man ihn in seinem Zimmer liegend. Quer über seiner Brust lag der defekte Ventilator: Er hatte einen tödlichen elektrischen Schlag erlitten. Thomas Merton starb 53-jährig am 10. Dezember 1968, dem Jahrestag seines Klostereintritts. Auf seinem Gesicht lag ein tiefer Frieden.

„Ich will die Sterne singen hören!"

Olivier Messiaen, Orgelkomponist und Vogelkundler (1908–1992)

E ine armselige, eiskalte Baracke im Kriegsgefangenenlager Stalag VIII A in Görlitz (heute Zgorzelec) am 15. Januar 1941. Atemlos lauschen rund 300 Häftlinge der Uraufführung eines Quartetts, das ein 33-jähriger französischer Gefangener komponiert hat – für die vier Instrumente, die im Lager aufzutreiben waren: ein altersschwaches Klavier mit kaputten Tasten, ein Cello, dem eine Saite fehlt, eine Klarinette und eine Violine. Heute gehört das *Quatuor pour la Fin du Temps* (Quartett für das Ende der Zeiten) zu den Schlüsselwerken moderner Musik. „Nie hat man mir mit so viel Aufmerksamkeit zugehört", erinnerte sich der Häftling Olivier Messiaen später.

Längst gilt Messiaen, der Lehrer von Pierre Boulez und Karlheinz Stockhausen, als größter Orgelkomponist des 20. Jahrhunderts und Wegbereiter zeitgenössischer Klangkultur. Olivier Messiaen: ein Visionär und Zauberer. Er hat das musikalische Erbe Debussys und Ravels mit spirituellen Inhalten aufgeladen. Die mystische Farbenpalette des Orchesters stellte er in den Dienst einer religiösen Botschaft. Griechische Metrik, mittelalterliche Zahlenmystik, indische Rhythmik und die verwirrende Vielfalt der Vogelstimmen verwob er zu einem faszinierenden Klangteppich.

Einer „farblich schillernden, ja wollüstigen Musik" gehöre seine Liebe, gestand er im Interview, „einer Musik, die Zartheit und Heftigkeit, Liebe und Ungestüm kennt, einer Musik, die von frischem Blut belebt wird, einen zuvor nie gekannten Duft verströmt, einem ruhelosen Vogel gleicht, einer Musik wie Kirchenfenster, einer Musik, die einem theologischen Regenbogen gleicht". Seine Kunst bestand darin, mit Klängen Räume und Farben entstehen zu lassen und mit Rhythmen, die jedes Taktschema zu sprengen schienen, sein Publikum der irdischen Zeit zu entfremden. Sein größter Wunsch: „die Sterne singen zu hören".

Frommes Wunderkind

Am 10. Dezember 1908 kam Olivier Messiaen als Sohn eines Englischprofessors und einer Dichterin in Avignon zur Welt. Er wuchs in der majestätischen Bergwelt von Grenoble heran, führte als Achtjähriger Shakespeare-Dramen samt selbstkomponierter Zwischenaktmusik auf, lernte autodidaktisch Klavier zu spielen und begann mit elf Jahren am Conservatoire de Paris zu studieren. Für die Orgelklasse von Marcel Dupré bewarb sich der 19-jährige angeblich nach acht Tagen Vorbereitungszeit und ohne je einen Orgelspieltisch gesehen zu haben, mit der auswendig gespielten und tadellos interpretierten Fantasie c-moll von Johann Sebastian Bach.

Kurz darauf verpflichtete man ihn als jüngsten Kirchenorganisten Frankreichs an La Sainte Trinité in Paris, wo er sechzig Jahre lang, bis zu seinem Tod, jeden Sonntag drei Messen und die Vesper begleitete – gewissenhaft und sich demütig zurücknehmend: Er werde die Andacht der Gläubigen nicht durch anarchische Akkorde stören, hatte er dem Pfarrer bei der Einstellung versichert. In der Mittagsmesse durfte er später dann doch eigene Werke spielen.

Den Organistendienst betrachtete er nicht als lästigen Nebenjob, sondern als heiliges Amt: „Ich bin gläubig geboren", bekannte er gern. „Ich hätte vielleicht nichts komponiert, wäre mir nicht diese Gnade zuteilgeworden." Denn der wunderbare Gott der Christen lebe nicht in irgendwelchen fernen Höhen, sondern mache sich den menschlichen Sinnen mit menschlichen Mitteln verständlich. Lieber aber als liturgische Musik für den Gottesdienst habe er religiöse Musik geschrieben, die Gott „zu aller Zeit und überall" zu entdecken vermöge – und am liebsten sei ihm die „Musik der Farben": „Sie macht das, was die Glasfenster des Mittelalters tun: Sie beschert uns das Überwältigtsein."

> *„Du sprichst zu Gott in Musik: Er wird dir in Musik antworten. Lerne die Freude der Seligen kennen durch die Süße von Farbe und Melodie. Und mögen sich dir die Geheimnisse erschließen, die Geheimnisse der Herrlichkeit!*
> *Höre diese Musik, die das Leben an die Himmelsleiter hängt, höre die Musik des Unsichtbaren."* [30]

1941, nach dem Kriegsdienst als Krankenpfleger und kurzer Gefangenschaft, wurde er Professor am Conservatoire de Paris. *Mes petits enfants*, meine kleinen Kinder, nannte er seine Schüler, von denen etliche später ebenfalls bedeutende Komponisten wurden. Er behandelte sie mit viel Respekt vor ihrer Individualität, nahm Kritik an seiner Neigung zum üppigen Klangrausch und an seinen theologischen Liebhabereien ernst und äußerte mit höflicher Untertreibung: „Nicht ich habe sie beeinflusst, sondern sie mich."

Messiaen wollte immer frei sein, keiner Schule angehören. Seine Rhythmik klingt wahnsinnig modern, und dann zeigte er sich wieder ganz altmodisch harmoniesüchtig. Wilde Expressivität („wenn ich ins Konzert gehe, dann will ich, dass mir die Tränen kommen") mischte er mit mathematischer Strenge. Messiaen ist der Erfinder der *valeur ajoutée*: Ein Notenwert wird gegen die gewohnte Taktordnung ein wenig verlängert, was ein rhythmisches Schweben erzeugt.

Die Wirklichkeit hinter den Dingen

Seine religiöse Berufung ließ sich Messiaen niemals ausreden. Eine „sakrale Handlung", eine „Art von Lobpreisung" habe er in den Konzertsaal bringen wollen: Musik als Entgrenzung, als Entdeckung, dass die Dinge eine Tiefendimension haben und der Mensch für die Ewigkeit geschaffen ist. Messiaen, der hochintellektuelle Musiktheoretiker und penible Vogelforscher, hielt viel von der Wissenschaft. Aber alle Forschungen und mathematischen Beweisführungen zusammen brächten den Menschen am Ende keine Klarheit, behauptete er. „Sie haben uns immer neue Wirklichkeiten hinter dem gezeigt, was man für die Wirklichkeit hielt. Die einzige Wirklichkeit gehört in den Bereich des Glaubens." Die Musik, „ein steter Dialog zwischen Raum und Zeit", könne die Begegnung mit der jenseitigen Welt erleichtern, auf den Sprung über die Schwelle des Todes vorbereiten, aber auch Licht, „Herrlichkeit", Würde in dieses Leben bringen.

> *„Die Tatsache, dass Gott glücklich ist, hat mich immer beeindruckt – und dass diese unaussprechliche und immerwährende Freude in Christi Seele wohnte. Eine Freude, die für mich einen Taumel bedeutet, eine Trunkenheit in des Wortes wahnsinnigster Bedeutung."* [31]

Le Banquet céleste (Das himmlische Gastmahl) und *La Nativité du Seigneur* (Die Geburt des Herrn) heißen seine schönsten Werke, *Messe de la Pentecôte* (Pfingstmesse), *Trois petites Liturgies de la Présence divine* (Drei kleine Liturgien von der göttlichen Gegenwart) und *Réveil de oiseaux* (Weckruf der Vögel). Denn den Vögeln galt seine ganze Liebe: Jahrelang unternahm er Exkursionen, um ihre Gesänge aufzuzeichnen. Mehr als 700 Vogelrufe konnte er unterscheiden. Und staunend verkündete er, das verachtete kleine Getier beherrsche Tonarten, Modi und Leitmotive, gregorianische Neumen und Nachhalleffekte.

Die Klangfarben der Vögel seien so außergewöhnlich, dass sie eigentlich kein Musikinstrument wiedergeben könne – obwohl Messiaen es in vielen seiner Werke versuchte: „die schnelle und bestimmte Strophe des Zaunkönigs, die vertrauliche Liebkosung des Rotkehlchens, der Brio der Amsel, der rhythmisch in sich rückläufige Ruf des Rotschwänzchens, die beschwörenden Wiederholungen der Singdrossel. Der Zilpzalp fügt seine springenden Wassertropfen bei. Nonchalanter Zurückruf, Erinnerung aus Gold und Regenbogen …"

Seine andere Leidenschaft waren die Farben: Seine unaufhörlich in Bewegung befindlichen Akkorde entsprachen Farbkaskaden, bunten Spiralen. „Was machten die Glasmaler des Mittelalters?", fragt Messiaen. „Was geschieht in den Glasfenstern von Bourges, Chartres, in den Rosetten von Notre Dame in Paris und in der wunderbaren, unvergleichlichen Glasarbeit der Sainte-Chapelle?" In einer Art Bilderkatechismus werde dort das Leben Christi und der Propheten erzählt. Doch von Weitem sehe man nichts als ein blaues, grünes, violettes Fenster. „Wir verstehen nicht, wir sind geblendet."

Und dieses Geblendetsein stelle eine wichtige Lektion dar. „Es zeigt uns, dass Gott jenseits von Worten, Gedanken und Konzepten ist, jenseits von unserer Erde und unserer Sonne, jenseits der Tausende von Sternen […]. Und wenn die musikalische Malerei und die farbige Musik ihn preisen, überwältigt durch das Licht […], helfen sie uns, besser zu leben."

Olivier Messiaen starb 1992 in Paris. Sein Grab in Saint-Theóffrey bewacht ein riesiger, scheinbar gerade zum Flug ansetzender Vogel aus weißem Carrara-Marmor.

Im Kind den Menschen entdecken

Maria Montessori, Ärztin und
Reformpädagogin (1870–1952)

An der Uni Rom gab es im Sommer 1892 einen Skandal: Ein junges hübsches Mädchen namens Maria Montessori wollte sich als Medizinstudentin einschreiben lassen – was damals ungefähr so unerhört war wie heute der Wunsch einer Frau, Papst zu werden.

Doch die resolute Maria schaffte es. Obwohl sie von Professoren und Mitstudenten geschnitten wurde, obwohl sie morgens vor dem Hörsaal warten musste, bis alle männlichen Kommilitonen Platz genommen hatten (und dann oft genug nur einen Stehplatz bekam), hielt sie zäh durch und erreichte in der Abschlussprüfung 105 von 110 Punkten.

Es war eine Herkulesarbeit gewesen: Das anatomische Institut zum Beispiel konnte Maria erst abends betreten, wenn alle anderen längst zu Hause waren. Unmöglich, dass eine junge Frau zusammen mit männlichen Studenten eine nackte Leiche untersuchte!

Aus zwei Wurzeln bezog sie ihre stille Kraft: aus ihrer Sehnsucht, heilen und helfen zu können – und aus einem tiefen, überhaupt nicht engen Glauben.

Wozu „Schwachsinnige" fähig sind

Kaum hatte sie mit einer brillanten Studie über den Verfolgungswahn promoviert, eröffnete sie auch schon eine ärztliche Praxis. Gleichzeitig arbeitete sie als Assistentin an der Psychiatrischen Universitätsklinik – und entdeckte das Elend geistig behinderter Kinder. In den römischen Irrenanstalten sah sie die armseligen Geschöpfe wie Gefangene zusammengepfercht, ohne Spielzeug, ohne geistige Anregung. Die bärbeißige Aufseherin gab freimütig zu, die „kleinen Idioten" nicht ausstehen zu können.

Maria konnte den Anblick der traurig auf dem Boden herumkriechenden, stumpf vor sich hinstarrenden Bambini nicht vergessen. Erschrocken begann sie, neben all ihren sonstigen Beschäftigungen auch noch Pädagogik zu studieren und alle erreichbaren Berichte über die Arbeit mit behinderten Kindern zu verschlingen.

Sie hielt Vorträge, gründete eine Liga, eine Modellschule und ein Ausbildungsinstitut – und führte mit ihrem Team geduldig Beobachtungen und Experimente durch, jahrelang. Am Anfang stand keine Theorie und kein Lehrbuch, sondern das liebevolle Zuschauen. Worin unterschieden sich die „Schwachsinnigen" von den normal begabten Kindern? Was fesselte ihre Aufmerksamkeit, wonach sehnten sie sich?

Das Team entwickelte eine Unmenge von Lernmaterial und Spielen, probierte immer wieder neue Erfindungen aus, verwarf unbrauchbare Wege, korrigierte ständig die eigenen Strategien.

Das „Montessori-Material" setzte bei der unmittelbaren sinnlichen Erfahrung an: Zum Beispiel ließ man die Kinder zehn Perlen an einer Stange („Dies ist ein Zehner!") und zehn solche Stangen in einem Quadrat („Dies ist ein Hunderter!") anfassen und zählen, wiederholte die Übung in immer neuen Variationen, ließ die Kinder die Gewichtsunterschiede fühlen – und brachte ihnen so, spielerisch und plastisch, das Dezimalsystem bei.

Am bekanntesten wurde das Alphabet mit dreidimensionalen Holzbuchstaben, mit denen die Kinder spielten, bis sie die mit den Fingern erfassten Formen mit Kreide nachmalen konnten.

Das Ergebnis war fantastisch: Nach einigen Jahren legten die als verblödet geltenden Kinder aus Marias Modellschule gemeinsam mit „Normalschülern" Prüfungen ab – und erzielten dieselben Leistungen. Nun wurde die Fachwelt auf die Wunderpädagogin aufmerksam.

In einer halbsanierten Mietskaserne im römischen Arbeiterviertel San Lorenzo richtete die Baufirma einen Kinderhort für die herumlungernden kleinen „Wilden" ein und bot der Montessori die Leitung an. Wieder geschah ein Wunder: Die aggressiven, verhaltensgestörten Kinder verwandelten sich in eine Gemeinschaft aktiver, mitteilungsfreudiger, fröhlicher, rücksichtsvoller Menschen.

„Erwachsene sind Egozentriker"

Nicht die schwierigen Kinder seien das Problem, schärfte Montessori ihren Zuhörern und Lesern ein, sondern die Unfähigkeit der Erwachsenen, mit Kindern umzugehen.

> *„Der Erwachsene ist in seinem Verhältnis zum Kind egozentrisch ... Von diesem Blickpunkt aus erscheint ihm das Kind als ein leeres Wesen, das der Erwachsene mit etwas anzufüllen berufen ist, als ein träges und unfähiges Wesen, dem er jegliche Verrichtung abnehmen muss [...] Schließlich fühlt sich der Erwachsene als Schöpfer des Kindes [...] Mit einem solchen Verhalten glaubt er um das Wohl des Kindes eifrig, voll Liebe und Opferbereitschaft besorgt zu sein. In Wirklichkeit aber löscht er damit die Persönlichkeit des Kindes aus."* [32]

Doch die Kinder benötigten „kein Drängen und Quetschen, kein Verbessern und Bemäkeln", um Intelligenz und Charakter zu entwickeln. Maria Montessori: „Die größte Hilfe, die wir ihnen zu bieten vermögen, ist, uns ruhig in Bereitschaft zu halten und dafür zu sorgen, dass sie frei sind, sich in ihrer eigenen Weise zu entwickeln."

So sieht die Montessori-Pädagogik die Kinder: als eigenständige Persönlichkeiten, die nicht geformt und gelenkt werden müssen, sondern lediglich Hilfestellung bei der Entfaltung der eigenen Fähigkeiten brauchen. Um diese schöpferischen Kräfte im Kind zu aktivieren, setzt man auf die Schulung der Wahrnehmungsfunktionen, auf kindgerechtes Spielmaterial, vor allem aber auf praktische Übungen des Alltags: „Tun lernt man durch Tun!"

Ein Beispiel: Das Kind lernt laufen – aber nicht so, wie der Erwachsene sich das vorstellt. Die Montessori: „Die Schwierigkeiten, die es auf seiner Wanderung antrifft, sind das Interessante für das Kind." Der Erwachsene schreitet einem Ziel entgegen, das Kind möchte einfach laufen, nicht nur mit den Beinen, sondern auch mit den Augen; „es wird durch die interessanten Dinge, die es umgeben, vorwärtsgetrieben [...] Die Erziehung muss das laufende Kind als einen Forscher betrachten."

Und als einen „Plan des Schöpfers", setzte Maria Montessori hartnäckig hinzu.

> *„Wer nicht an Gott glaubt [...] und wer den Menschen selbst als höchstes Wesen betrachtet, der fällt unerbittlich in eine Haltung der Anmaßung gegenüber dem Kind und beginnt zweifellos unter dem Anschein von Sorge einen wahren Kampf mit dem Kind, um aus ihm das zu machen, was er sich selbst als Modell und Ideal gedacht hat."* [33]

1910 übernahm sie das Kinderhaus der Franziskanerinnen in der römischen Via Giusti, von wo aus sie ihre internationalen Ausbildungskurse organisierte. Sie warb in England, Frankreich, Spanien, Indien und Mexiko, den USA und Südamerika für ihr Konzept, ihr Standardwerk *Il metodo* wurde in 20 Sprachen übersetzt. Die Nazis freilich verbrannten ihre Schriften und Materialien: So viel Respekt vor individuellen Bedürfnissen und „behindertem" Leben war den brutalen Hordenmenschen unheimlich.

Die Montessori floh vor den Faschisten nach Amsterdam, 1939 ging sie nach Indien. Am 6. Mai 1952 starb sie 81-jährig.

Natürlich hat sie auch Fehler gemacht: Sie wollte die Ausbildung ihrer „Jüngerinnen" nicht aus der Hand geben, betrachtete es als Verrat, wenn sie zu selbstständig arbeiteten, sie hielt sich für unentbehrlich, sie war autoritär und misstrauisch gegenüber Erotik und Zärtlichkeit.

So entging sie aber auch der Gefahr, zur Ikone gemacht zu werden, die Bewunderung weckt, aber nicht zur eigenen Anstrengung motiviert. Heute arbeiten auch immer mehr Integrationskindergärten für Behinderte und Nichtbehinderte mit ihrer Methode.

„Lieben, bis es wehtut"

Mutter Teresa von Kalkutta (1910–1997)

Kalkutta, eine Stadt wie ein Alptraum. Ein stinkendes Grab, eine aus allen Nähten platzende Hölle, wo Massen ausgemergelter Menschen um ein paar Quadratmeter Lebensraum kämpfen. Die Behörden haben in der Neun-Millionen-Metropole 3000 Slums registriert.

Über den Elendsvierteln liegt dumpfer Fäulnisgeruch. Auf feuchten Lehmwegen lagern menschliche Wracks, krank, hungrig. Aus einem überquellenden Mülleimer dringt schwaches Wimmern. Eine junge Frau im weißen Sari horcht kurz auf, dann eilt sie zu dem Abfallhaufen und holt einen nackten Säugling aus dem Müll, ein Häufchen Haut und Knochen, das sie behutsam in ihrem Arm birgt.

Ein paar Meter weiter finden die weiß gewandeten Helferinnen ein gespenstisches Gerippe, pergamentene Haut über einem spitz hervorstehenden Skelett, einen Menschenrest, in dem noch Leben zu sein scheint. Die Mädchen im Sari tragen den Greis in eine schattige Halle, füttern ihn, waschen den armseligen, verkoteten Körper. Eine alte Frau zieht ihm die Würmer aus den Wunden.

„Wie kannst du meinen Gestank ertragen?", flüstert der Todkranke in fassungslosem Erstaunen. „Das ist doch gar nichts gegen die Schmerzen, die du haben musst", antwortet seine Pflegerin lächelnd.

Die unscheinbare Frau am Sterbebett, die dem elenden Bündel Mensch wenigstens in der letzten Stunde seine Würde zurückgegeben hat, ist Mutter Teresa, die Gründerin der *Missionaries of Charity*, der „Missionsschwestern der Liebe". Es werde zwar viel von Entwicklungsprogrammen geredet, meint sie. „Aber es geschieht wenig. Wir brauchen Leute, die die Ärmel aufkrempeln und sich nicht zu schade sind, sich in der Gosse die Finger schmutzig zu machen."

Bürgertöchter in den Slums

In einem gutbürgerlichen Elternhaus kam Agnes Gonxha Bojaxhiu 1910 im damals türkischen, später jugoslawischen Skopje zur Welt. Der Vater führte ein Architektur-büro. Ihre Jugendfotos zeigen ein ausgesprochen hübsches Mädchen mit ein wenig träumerischen Augen. Agnes besuchte die Höhere Schule – in ihrer Umwelt für Mädchen ungewöhnlich –, zeigte Begabung für Musik.

Doch mit 18 entschloss sie sich zu einem Leben in der Bengalenmission: Den Armen und Ausgestoßenen war in ihrer Familie immer geholfen worden. Sie trat bei den *Englischen Fräulein* ein, ließ sich in Dublin zur Lehrerin ausbilden. In der *St. Mary's High School* in Kalkutta unterrichtete Schwester Teresa, wie sie jetzt hieß, jahrelang Erdkunde und stieg bis zur Direktorin auf. Die 500 Schülerinnen kamen aus der schmalen bürgerlichen Oberschicht Kalkuttas.

Aber gleich hinter den Mauern der High School erstreckt sich ein riesiger Slum, der Pestgeruch des Elends dringt in den Collegebezirk. Schwester Teresa nimmt ein paar Schülerinnen mit, bewaffnet sich mit Jod und Verbandszeug, durchstreift den Slum, entdeckt die Armen, hilft, wo sie nur kann – und hat ein schlechtes Gewissen, wenn sie in ihr schön möbliertes Kloster zurückkehrt.

Mit 36 Jahren fasst sie 1946 den Entschluss, noch einmal „auszusteigen", der Ent-scheidung für die harte Existenz im Orden eine noch härtere hinzuzufügen.

> *„Ich musste das Kloster verlassen und den Armen helfen, indem ich unter ihnen lebte. Ich hörte den Ruf, alles aufzugeben und Christus in die Slums zu folgen, um ihm unter den Ärmsten der Armen zu dienen. Ich wusste, es war sein Wille, und ich musste ihm folgen."* [34]

Teresa vertauscht die Ordenstracht mit dem Sari der Armen Indiens, weiß mit blauer Borte. Mutterseelenallein steht sie vor der Klostermauer, ohne Geld, ohne Wohnung, ohne Ausbildung als Krankenschwester oder Sozialarbeiterin, aber mit dem sicheren Gefühl: „Gott geht mit mir. Das ist sein Werk."

In Patna macht sich Teresa bei den *American Medical Missionary Sisters* in Elemen-tarkursen mit Hygiene und Krankenpflege vertraut. Dann mietet sie in Kalkutta, mitten im Slum, eine Hütte, sucht sich ein paar Kinder zusammen und bringt ihnen das Alphabet bei. Mit einem Stecken kratzt sie die Buchstaben in den Lehmboden. Sie zeigt den Kleinen, wie man sich wäscht. Sie geht betteln, um halb verhungerten Familien Essen bringen zu können. Sie pflegt Kranke, besucht die Spitäler.

Wo nahm die alte Frau ihre Kraft her?

Vielleicht hätte Teresa trotz der ihr eigenen verbissenen Energie nicht durchgehalten – wären da nicht die jungen Mädchen gewesen, die dachten wie sie, die sich ihr anschlossen und genauso zäh gegen die Not kämpften, die ihnen von jeder Straßenecke entgegenschrie. Die meisten waren ehemalige Schülerinnen Teresas aus der High School. Sie zogen den weißen Sari an, und 1950 wurde der neue Orden der *Missionaries* gegründet.

Inzwischen sind auch Europäerinnen, Amerikanerinnen, Afrikanerinnen dabei. Sie lernen grundsätzlich einen Beruf, manche studieren Medizin, einige Jura – alles, um den Armen besser helfen zu können.

Allen voran den Kleinsten, den Wehrlosen – den Kindern. Mutter Teresa war vernarrt in Kinder. Sie nahm ein Neugeborenes in den Arm, unendlich behutsam, und präsentierte es mit leuchtendem Gesicht, stolz, als wäre sie seine Mutter: „Seht, es ist Leben in ihm!" Und die Bevölkerungsexplosion in Indien? Mutter Teresa hat mit großem Erfolg natürliche Methoden der Empfängnisverhütung propagiert. Aber nach ihrer Meinung hat Gott die Welt reich genug erschaffen, um alle ernähren zu können.

Wo kam die Energie dieser kleinwüchsigen, mageren, immer ein wenig gebeugt gehenden Frau her? Sie sprach leise, ohne Pathos, einfach wie eine alte Bäuerin über das Beten, die Armut und den guten Gott, aber auch in Universitäten und Kongresszentren war ihr gebannte Aufmerksamkeit sicher.

Ihre Gesprächspartner verblüffte sie durch Schlagfertigkeit. Einem amerikanischen Journalisten, der sie erschrocken beim Versorgen einer brandigen, stinkenden Wunde beobachtete und gestand: „Nicht für eine Million Dollar würde ich das tun!", erwiderte sie lachend: „Ich auch nicht!" – Sie tat es für Gott.

Mutter Teresa fand ihn hautnah in jedem Menschen, der ihr über den Weg lief. Das war wohl ihr Geheimnis. Ihre leidenschaftliche Liebe zu den Armen, Kraftlosen, Kaputtgemachten war die Antwort auf eine Liebe, die sie selbst spürte und von der sie lebte. *Love as I loved you*, „Liebe, wie ich dich geliebt habe", steht unter dem Kreuz in ihren Obdachlosenhäusern.

> *„In der heiligen Kommunion haben wir Christus in der Gestalt von Brot. In unserer Arbeit finden wir ihn in der Gestalt von Fleisch und Blut. Es ist derselbe Christus. Ich war hungrig, ich war nackt, ich war krank, ich war obdachlos [...]. Man braucht die Armen, um ihn zu berühren."* [35]

2007 veröffentlichte das *Time Magazine* Briefe und private Aufzeichnungen der inzwischen heiliggesprochenen Ordensgründerin und versetzte manchen treuen Verehrern damit einen Schock: Es sind erschütternde Dokumente von Depressionen, Sinnlosigkeitsgefühlen, Zweifeln am Wert der eigenen Arbeit – und an Gott: „In mir ist kein Gott […] Er will mich nicht – Er ist nicht da […] Der Himmel bedeutet nichts mehr – für mich schaut er wie ein leerer Platz aus […] Wenn es einen Gott gibt, verzeih mir bitte."

Doch welcher Mensch, der jeden Tag neu in die größte Trostlosigkeit und das schlimmste Elend dieser Welt eintaucht, wird nicht an Gottes Nähe irre werden? Zumal es dieser fantastischen, zähen, Gott nicht immer mit strahlender Freude, aber mit einer unwahrscheinlichen Hartnäckigkeit liebenden Frau gelang, ihre bitteren Erfahrungen zu verwandeln. Sie interpretierte sie als Teilhabe an der Einsamkeit des am Kreuz sterbenden Jesus – und als kostbare Möglichkeit, die Verlassenheit und das Sich-ungeliebt-Fühlen der Ärmsten der Armen mitzuempfinden. „Ich werde dein verborgenes Angesicht anlächeln – immer", versprach sie Christus verschwörerisch wie ein verliebtes Mädchen.

„Sie haben wie die Tiere gelebt"

Schöne Predigten und ein bisschen Mildtätigkeit nützen denen wenig, die beim gesellschaftlichen Verteilungskampf um Jobs, Geld und Lebensraum auf der Strecke geblieben sind. Deshalb ließ Mutter Teresa nie einen Zweifel daran, dass die Liebe ein hartes Geschäft ist. „Wir müssen geben, bis es wehtut", pflegte sie zu sagen. Geschäftsleuten, die bei einem Bankett für sie gesammelt hatten, gab sie den skeptischen Rat: „Ich hoffe, Sie geben nicht nur aus dem Überfluss heraus. Sie müssen etwas geben, das Sie etwas kostet."

Außerhalb Indiens begann man erst dann von Teresa und ihren Schwestern zu sprechen, als ihr Engagement für die Sterbenden bekannt wurde. Unterernährte Kinder aufzupäppeln, armen Leuten Reis und Brot zu bringen, das schien vielen nichts Besonderes zu sein, aber in einem hoffnungslos übervölkerten Land Heime für Menschen zu bauen, die ohnehin dem Tod geweiht waren und nur noch Stunden oder Tage zu leben hatten…? Nirgendwo sonst prallte Teresas unbedingte Wertschätzung für jedes noch so armselige Menschenleben so schmerzhaft mit bürgerlichen Wertmaßstäben zusammen wie hier.

In den ersten 25 Jahren holten die *Missionaries* allein in Kalkutta 36.000 Menschen von der Straße in ihre Häuser. Mehr als 16.000 starben – liebevoll gepflegt und umsorgt. Ein paar Stunden oder Tage menschliche Zuwendung, Wärme, ein Lächeln nach einem freud- und trostlosen Leben – für Teresa war das keine sinnlose Mühe: „Sie haben wie die Tiere gelebt. Da sollen sie wenigstens wie Menschen sterben!"

Als das Leben der kleinen Nonne am 5. September 1997 verlosch – 87 Jahre war sie alt geworden –, da mischte sich in die Nachrufe sogleich die altbekannte Kritik an der unpolitischen Caritas. Hatte Teresa mit ihren freundlichen *Sisters* nicht den Verursachern sozialen Elends einen gefährlichen Dienst geleistet? Kurierten die Helfer nicht mit einem immensen Aufwand von Arbeitskraft und Menschenliebe an Symptomen herum, statt die Ursachen der Not bewusst zu machen? Wäre es nicht wichtiger gewesen, todbringende Machtstrukturen und die ungleiche Verteilung der Güter zu bekämpfen, statt Sterbenden die Hand zu halten?

Das mag richtig sein. Ob aber jene, die den Weg aus der sozialen Misere so genau kennen, auch fähig wären, einen von Teresas stinkenden, von Würmern zerfressenen Patienten anzufassen und so das gestörte Verhältnis zwischen Menschen zu verändern? Nur wer das Elend teile, könne die Elenden befreien, behauptete sie eigensinnig. Um einen Menschen begreifen, lieben zu können, müsse man in enge Berührung mit ihm kommen.

Und indem die Nonnen ihre viel geschmähte Soforthilfe leisteten, würden viele Menschen angeregt, sich um den anderen Teil zu kümmern: die Veränderung ungerechter Strukturen.

„Atomwaffen sind Gotteslästerung"

Martin Niemöller, Pfarrer und Rüstungsgegner
(1892–1984)

1934 waren die evangelischen Kirchenführer zum Empfang beim Reichskanzler Adolf Hitler geladen. Hitler blaffte: „Kümmern Sie sich um Ihre Kirche, aber die Sorge um das deutsche Volk überlassen Sie mir!" Es war der Berliner Pfarrer Martin Niemöller, der ganz ruhig erwiderte: „Die Verantwortung für unser Volk hat jemand anderes auf unser Gewissen gelegt, und die können Sie uns nicht abnehmen!" Hitler soll sprachlos gewesen sein.

Dabei hatte der ehemalige Seeoffizier und U-Boot-Kommandant Niemöller anfangs mit den Nazis sympathisiert. Doch als er ihre schönen Sprüche mit der Praxis von Terror und Kirchenverfolgung verglich, wurde er zum Widerständler.

Seeheld im Ersten Weltkrieg

Wenn er über die Motive seines Handelns sprach, erzählte Niemöller gern von seinem Vater, der ebenfalls Pastor gewesen war, in Elberfeld, im rheinisch-westfälischen Industrierevier. Der neunjährige Martin durfte ihn manchmal bei Hausbesuchen begleiten. Eines Tages saß er in der armseligen Stube eines Webers. Dort entdeckte er an der weißgekalkten Wand einen kitschigen Spruch, aus Samt gestickt und schön gerahmt. Den Spruch hat er nie vergessen, es war eigentlich eine Frage, und sie lautete: „Was würde Jesus dazu sagen?"

Die Frage hat ihm zeitlebens keine Ruhe gelassen. Es war weniger eine politische Idee, die ihn antrieb, es war wohl nicht die Lust, aufzufallen um jeden Preis. Es war diese schrecklich schlichte Frage, die Kirchenführer und Politiker, die sich christlich nennen, offenbar nur noch selten stellen. Mit so einer Lebenseinstellung wird man entweder zum Narren – Bundesverteidigungsminister Strauß erklärte öffentlich, dieser „Herr Niemöller" könne „nicht mehr ernst genommen werden" – oder zur Legende. Zum Glück hat Martin Niemöller diese Legende immer wieder selbst zerstört.

Und er hat seinen Freunden manche harte Nuss zu knacken gegeben. Es wollte ihnen nicht in den Kopf, dass er alle die fantastischen Reden für Ostermärsche und Friedensdemos unter der Bordflagge seines einstigen U-Bootes sitzend schrieb. Seine Schwestern erzählten seufzend, als Kind habe er alle Schiffstypen der kaiserlichen Marine auswendig gekannt, und sie hätten ihm ständig irgendwelche Schiffsflaggen nähen müssen. Im Ersten Weltkrieg erntete der Seeoffizier Niemöller als U-Boot-Kommandant legendären Ruhm.

Als das Völkermorden 1918 endlich vorbei war, dankte Niemöller Gott keineswegs auf Knien. Er schmollte über die wachsweichen Friedens- und Verzichtspolitiker, die in der Heimat ans Ruder gekommen waren. Dann plötzlich der Gedanke, Pfarrer zu werden. Nicht aus Interesse an der Theologie, sondern weil er an seinen Eltern und an guten Freunden beobachtet hatte, „dass das Hören auf die Christusbotschaft und der Glaube an Christus als den Herrn und Heiland neue, freie und starke Menschen macht".

Kurz vor seiner Ordination machte man ihn zum Geschäftsführer der Inneren Mission – des späteren Diakonischen Werks – in Westfalen und später, 1931, zum Pastor in Berlin-Dahlem. Und jetzt begann er umzudenken und zu begreifen, dass den Nazis Adolf Hitler über Jesus Christus ging. Als im September 1933 die Generalsynode der Altpreußischen Union den seit April für Beamte geltenden „Arierparagraphen" übernahm und Menschen jüdischer Abstammung oder mit Jüdinnen Verheiratete von der Amtsausübung in der evangelischen Kirche ausschloss – da protestierte Niemöller leidenschaftlich gegen diese Abdankung der christlich verstandenen Menschenwürde vor der politischen Macht.

„Als die Nazis die Kommunisten holten, habe ich geschwiegen; ich war ja kein Kommunist. Als sie die Sozialdemokraten einsperrten, habe ich geschwiegen; ich war ja kein Sozialdemokrat. Als sie die Gewerkschafter holten, habe ich geschwiegen; ich war ja kein Gewerkschafter. Als sie mich holten, gab es keinen mehr, der protestieren konnte." [36]

Gemeinsam mit Gleichgesinnten – darunter Dietrich Bonhoeffer – gründete er den „Pfarrernotbund", dem bis zum Jahresende immerhin 7000 der insgesamt 18.000 evangelischen Geistlichen in Deutschland beitraten und aus dem die „Bekennende Kirche" erwuchs. Auf der Nationalsynode in Wittenberg unterblieb die geplante Einführung des „Arierparagraphen" für die gesamte Reichskirche.

Es begannen die Verhöre durch die Geheime Staatspolizei, die Predigtverbote. Am Ende liefen vierzig Verfahren gegen Pfarrer Niemöller. Unter seiner Kanzel saßen regelmäßig Gestapo-Spitzel und schrieben eifrig mit. Am 19. Juni 1937 sagte er in der Dahlemer St. Annen-Kirche: „Wir dürfen um Himmels willen aus dem Evangelium kein deutsches Evangelium machen [...]. Es ist unsere Pflicht, zu reden; an diesem Auftrag hängt die Verheißung, daran hängt es, ob Gott sein Wort in unserem Volk erhält!"

Acht Jahre in KZs und Gefängnissen

Wenige Tage später wurde Niemöller verhaftet und ins Untersuchungsgefängnis Moabit gebracht. Man klagte ihn an, auf der Kanzel „Hetzreden" geführt und zur Auflehnung gegen staatliche Maßnahmen aufgefordert zu haben. Das Urteil war eine Sensation: Nur sieben Monate Festungshaft, die durch die Untersuchungshaft abgegolten waren. Hitler soll getobt und erwogen haben, die Richter ins KZ zu bringen. Niemöller wurde am Hinterausgang des Gerichts sofort wieder verhaftet und als „persönlicher Gefangener des Führers" in das Konzentrationslager Sachsenhausen und dann nach Dachau verschleppt.

Den populären Seehelden und Bekenntnispfarrer einfach zu liquidieren, konnten sich die Nazis nicht leisten. Aber er war im KZ radikal isoliert, er durfte nur zum Hofgang, wenn alle anderen Gefangenen eingeschlossen waren – was ihn nicht hinderte, für seine Sache zu werben. Als ihn der Zuchthauspfarrer in Moabit salbungsvoll fragte: „Mein Bruder, warum bist du im Gefängnis?", da antwortete Niemöller lächelnd, aber schlagfertig: „Mein Bruder, warum bist du nicht im Gefängnis?"

Acht Jahre verbrachte er in KZs und Gefängnissen – und sah später keinen Anlass zur Selbstbeweihräucherung, wenn er an seine zögernde Haltung zu Beginn der Nazi-Herrschaft zurückdachte. Nach dem Krieg entwarf er einen „Steckbrief des lieben Gottes gegen Pastor Niemöller" mit der bohrenden Frage: „Wo warst du 1933?" Seine Mitchristen teilten solche Zweifel nicht. Sie – das heißt die Führungsgremien der Evangelischen Kirche in Deutschland – machten ihn schon im August 1945 zum stellvertretenden Ratsvorsitzenden und Leiter des Kirchlichen Außenamtes. 1947 wurde er Kirchenpräsident in Hessen und Nassau, für siebzehn lange Jahre.

Niemöller gehörte zu den Initiatoren des „Stuttgarter Schuldbekenntnisses", das viel von der braunen Kirchenverfolgung sprach, aber über die Ausrottung der Juden schwieg. Er war es, der gegen harten Widerstand die entscheidenden Worte durchsetzte: „Durch uns ist unendliches Leid über viele Völker und Länder gebracht worden." Aber Niemöller war es auch, der auf zahlreichen Auslandsreisen um Vertrauen in das am Boden liegende Deutschland warb und die segensreiche Flut der „Care-Pakete" mit Lebensmitteln und Kleidung aus den USA am Fließen hielt.

„Die Bundesrepublik wird keine fünfzig Jahre halten!"

Daheim in Deutschland trieb er die Aussöhnung zwischen Kirche und Sozialdemokratie voran und setzte Adenauers Politik der einseitigen Bindung der Bundesrepublik an die Westmächte (USA, Frankreich, England) hartnäckigen Widerstand entgegen. Denn damit, so fürchtete er, werde der preußische, protestantische Osten Deutschlands preisgegeben, um den Bestand der größeren, westlichen Landeshälfte unter dem Schutz der USA zu sichern. Niemöller: „Die Leute, die in Frankfurt die neue Verfassung machten, das waren keine Preußen, sondern das waren Menschen aus dem Rheinland und eben die Siegermächte, die haben unsere Verfassung gemacht." Man müsse alles tun, dass Westdeutschland und die von der Entwicklung abgeschnittenen zwanzig Millionen im Osten – in der späteren DDR – wieder zusammenkämen. Dabei bewies er prophetische Qualitäten, was freilich zu seinen Lebzeiten keiner wissen konnte. Niemöller 1976: „Die Bundesrepublik von 1949 wird keine fünfzig Jahre halten!" Tatsächlich fiel 1989 die Berliner Mauer, BRD und DDR schlossen sich zu einem vereinigten Deutschland zusammen.

Und dann immer schroffer, immer kompromissloser das Nein zur Wiederaufrüstung, zu den Planspielen mit Atomwaffen, zur Bundeswehr und zum Krieg, den die USA in Vietnam führten. Früher als die meisten seiner Theologen- und Bischofskollegen in beiden großen Kirchen verabschiedete er sich von der bisher geltenden Theorie vom „gerechten Krieg" und von all den feinen Unterscheidungen und Hintertürchen, mit denen man den Militarismus über die Erfahrungen von Auschwitz, Dresden, Coventry, Hiroshima hinüberzuretten suchte.

Ein Entrüstungssturm erhob sich, als Martin Niemöller 1952 nach Moskau fuhr, um den Beitritt des russischen Patriarchats zum Ökumenischen Rat der Kirchen vorzubereiten. Das verstand man als Aufwertung des kommunistischen Erzfeindes. „Warum bleibt Herr Niemöller nicht ganz drüben?", hetzte ein Sprecher vom „Gesamtverband der Sowjetzonenflüchtlinge" in der BILD-Zeitung. 1955 musste Niemöller aus dem Rat der EKD ausscheiden, 1956 entzog man ihm auch die Leitung des Kirchlichen Außenamtes.

Drei Jahre später wieder helle Aufregung, als er Mütter und Väter warnte, ihre Söhne zur Bundeswehr zu schicken und sie „zum Verbrecher ausbilden" zu lassen. Verteidigungsminister Strauß und viele Wehrpflichtige zeigten ihn wegen „Beleidigung der Bundeswehr" an. Dabei war der alte Seeoffizier keineswegs zum Pazifisten geworden. Aber Krieg im Atomzeitalter, das sei nur noch „Massenmord und Massenselbstmord". Martin Niemöller:

> *„Ich halte die Existenz von nuklearen Zerstörungsmengen für eine unmittelbare Lästerung des lebendigen Gottes."*

Deshalb holte er die Atomwissenschaftler Otto Hahn, Werner Heisenberg und Carl Friedrich von Weizsäcker an den runden Tisch und konfrontierte sie mit der Frage, was denn gewesen wäre, hätte Hitler solche Möglichkeiten gehabt, alles Leben auf der Erde auszulöschen? Deshalb ging er als alter Mann mit den ersten Ostermarschierern auf die Straße, um gegen den nuklearen Wahnsinn zu demonstrieren.

1961 wählte ihn der Ökumenische Rat der Kirchen zu einem seiner sechs Präsidenten, für sieben Jahre. Am 6. März 1984 starb er in Wiesbaden, bis zuletzt geistig voll präsent.

Die Auferstehung der lebendig Begrabenen

Ruth Pfau, Ärztin und Ordensfrau (* 1929)

Lepra ist keine Krankheit. Lepra ist ein Sterben, lange vor dem Tod. 1980 entdecken Ruth Pfau und ihr Helferteam im pakistanischen Grenzdörfchen Serbal in einer winzigen Felshöhle, zwei Schritte tief, zwei Schritte breit, hinter einer übermannshohen Steinmauer die 14-jährige Adina. Die eigene Familie hat das Mädchen vor zwei Jahren hier eingemauert, weil es die Symptome der Lepra zeigte.

Lepra ist keine Krankheit. Lepra ist Ausschluss aus der Gemeinschaft der Menschen, Lebendig-begraben-Werden. Ein Fluch, der zum Paria macht. Das Wunder, das Ruth Pfau und ihre Helfer in dieser Hölle vollbringen, ist weniger der medizinische Heilungserfolg. Das Wunder besteht darin, dass die lebenden Toten aus ihren Gräbern auferstehen, dass Ausgestoßene wieder zu Menschen werden.

Über halsbrecherische Felspisten, Tausende von Metern hoch, bahnt sich der Hilfstrupp einen Weg durch das Gebirgsmassiv am Indus. Die Fahrbahn ist gerade so breit wie der Jeep und nur in glücklichen Momenten zu erkennen, weil ein peitschender Sturm Sand aufwirbelt und alle Sicht nimmt. Wenige Kilometer vor dem Ziel endet die Straße an einem Abgrund, unten schäumt der reißende Fluss.

In den Felsen ist ein Eisenhaken gehauen, an dem ein armdickes Drahtseil hängt; das andere Ende hat man auf der gegenüberliegenden Seite der Schlucht an einem Baum befestigt. Einer nach dem andern besteigen die Helfer jetzt ein gefährlich schaukelndes Sitzbrett, das mit einem dicken Wollstrick über das Drahtseil ans andere Ufer gezogen wird, während unten in schwindelnder Tiefe der Indus rauscht.

Als sie alle – auch die deutsche Ärztin – glücklich auf der anderen Seite angekommen sind, im Dorf Palbaldo, rennt ein Leprapatient auf sie zu, Tahmasab heißt er. „Früher konnte ich nur krächzen wie ein heiserer Rabe", erzählt er ausgelassen, die Krankheit habe ihm die Stimme geraubt. „Die Kinder haben mich ausgelacht, Freunde wandten sich von mir ab … und jetzt, jetzt kann ich wieder singen! Allah ist groß …“

Wie macht man das, Christ zu sein?

Ihr erstes Überlebenstraining war die Schulzeit in den Weltkriegsjahren mit Bombennächten und Flüchtlingselend. In Leipzig als Tochter eines Buchhändlers geboren, half Ruth Pfau in Feldküchen und Notunterkünften. Bomben machten die Familie obdachlos. 1948 floh Ruth in den Westen, wo ihr Vater Arbeit gefunden hatte. In Mainz begann sie Medizin zu studieren. Sie las Sartre, Camus, Marx, wurde als Kandidatin des *Sozialistischen Studentenbundes* in die Studentenvertretung gewählt.

Bloß Politik zu treiben, war ihr allerdings zu wenig. Sie fragte nach dem Sinn von Leben und Leiden, nach einer Liebe, die über den Tod hinaus Bestand haben sollte – und wurde mitleidig belächelt. Das Christentum war ihr bisher entsetzlich langweilig erschienen, jetzt beschäftigte sie sich aus Trotz damit: Sie wollte nicht etwas ablehnen, was sie gar nicht kannte.

Und sie sah sich zu ihrem großen Erstaunen zum ersten Mal mit ihren grüblerischen Fragen ernst genommen. Dann war da noch dieser Theologiestudent, in den sie sich unsterblich verliebte. Täglich ging sie zur Morgenandacht der Studentengemeinde, um ihn zu treffen. Kollegen und frommen alten Frauen fragte sie die Seele aus dem Leib, wie man das denn mache, Christ zu sein.

Bei den Katholiken entdeckte sie eine faszinierende neue Form von Frömmigkeit, sinnlich, fröhlich, bodenständig. Sie wurde katholisch. Ihr medizinisches Staatsexamen hatte sie mit Auszeichnung bestanden, sie war glücklich mit ihrem Freund – und gleichzeitig zerrissen von einer Sehnsucht, die sie sich selbst nicht genau erklären konnte: „Das Eigentliche muss noch darüber hinausliegen.“ Sie unterhielt sich mit Kollegen, welches Auto sie sich kaufen sollten. „Plötzlich dachte ich: Wenn das der Sinn des Lebens ist. Verdienen. Auto kaufen. Verdienen. Auto wechseln … Ich wollte raus. Bald, möglichst sofort.“

Ruth Pfau beschloss, sich in einen Glauben hineinzuwerfen, der stark genug war, dieser kaputten Welt die Stirn zu bieten, ja sie wenigstens an dem einen oder anderen Ort zu erlösen. 1957 trat sie bei den Töchtern vom Herzen Mariä ein, die ohne Ordenstracht mitten in der Welt arbeiten, als Lehrerinnen, Sozialarbeiterinnen, Büroangestellte. Mit einer Spezialausbildung als Internistin und Geburtshelferin flog sie 1960 nach Karachi.

Operation in der Leichenhalle

Im verrufensten Bezirk der aus allen Nähten platzenden Industriemetropole mit ihren tausend Slums stößt sie auf eine verdreckte Siedlung mit „Häusern" aus Pappkartons, Papiersäcken und Schilfmatten: die „Stadt" der aussätzigen Bettler, die sich zur Regenzeit in einen stinkenden See verwandelt.

Eine französische Mitschwester hat einen aus alten Holzkisten zusammengenagelten Schuppen in dieses Elend gestellt: die Lepra-Ambulanz. Es gibt weder Wasser noch elektrischen Strom – nur ein paar Menschen, die helfen. Blitzartig begreift Ruth Pfau: Das ist ihre Lebensaufgabe. „Es war, wie wenn man seine große Liebe trifft."

Sie zaubert Verbandsmaterial aus Betttüchern, macht die fehlenden Apparate durch Gründlichkeit bei der Untersuchung wett, gewöhnt die misstrauischen Patienten an Wachsbäder und Massagen, organisiert Antibiotika und Vitaminpräparate von deutschen Spendern. Bald beginnt sie zu operieren, assistiert von einem Patienten, der mit einem Bambuswedel die Fliegen verjagt – in der Leichenhalle des städtischen Krankenhauses. „Nicht einmal eine Garage hätte ich für meine Aussätzigen bekommen."

Lepra ist heilbar –

– sogar im weit fortgeschrittenen Stadium, Lepra ist keineswegs in jedem Fall ansteckend und wird nicht vererbt, sondern durch einen dem Tbc-Bazillus verwandten Mikroorganismus verursacht. Die Behandlung ist einfach und billig: Bäder, Massagen, Bewegungstherapie, ein kombiniertes Präparat für ein paar Euro, das die Krankheit in sechs bis höchstens 36 Monaten völlig ausheilt. Um die Ansteckungsgefahr auszuschließen, genügt in der Regel ein kurzer Krankenhausaufenthalt mit einer medikamentösen Stoßtherapie.

Sie rennt von Behörde zu Behörde, um auf das verdrängte Elend der Leprösen aufmerksam zu machen. Bei ihren pakistanischen Kollegen stößt sie anfangs auf entsetzte Abwehr, wenn sie jemanden um Mitarbeit bittet. Kerngesunde Kinder leprakranker Eltern fliegen sofort von der Schule. Als Ruth Pfau mit Geld vom deutschen Hilfswerk *Misereor* endlich ein richtiges kleines Krankenhaus mit Operationssaal und Labor kaufen kann, werfen feindselige Anwohner Steine und faule Eier durch die Fenster. Der Bürgermeister kommt mit einem Räumungsbefehl, sieht sich das Haus an – und lässt das Papier danach beschämt in einer Schublade verschwinden.

Doch mit dem Umzug in das neue Gebäude scheint ein Damm gebrochen: Fachärzte und Pfleger stoßen zu ihrem kleinen Team, die Kollegen von der städtischen Hautklinik überweisen Patienten zur Begutachtung, Ruth Pfau hält Vorträge für Ärzte und eine Menge Ausbildungskurse. Das einstöckige Krankenhaus wächst zu einem Mini-Wolkenkratzer von acht Stockwerken hoch. Noch ein paar Jahre, und in sämtlichen pakistanischen Missionskrankenhäusern, katholischen wie evangelischen, werden Aussätzige behandelt – von Fachleuten, die ihre Ausbildung bei Ruth Pfau gemacht haben.

Mutprobe über dem Abgrund

In Pakistan kann man nicht einfach Plakate mit der Aufforderung aushängen, Leute mit bestimmten Krankheitssymptomen hätten sich schleunigst in irgendeiner amtsärztlichen Praxis einzufinden. Und schon gar nicht lassen sich Reihenuntersuchungen organisieren. In Pakistan gibt es Dörfer, die auf keiner Landkarte verzeichnet sind, und zahllose Menschen, die für die Behörden gar nicht existieren.

Um sie zu erreichen, marschiert Ruth Pfau wochenlang durch öde Hochtäler und über kahle Gebirgspässe, wo kein Geländewagen mehr fahren und kein Pferd hochklettern kann, wagt sich auf schwankende Hängebrücken, überquert tückische Gletscher. Ihr Jeep bewältigt aus dem Stein herausgehauene Pfade, die nicht breiter sind als ein Vorstadtbalkon. Wenn das Team Glück hat, findet sich eine fensterlose Berghütte zum Übernachten, sonst bleibt nur der harte Erdboden. Die flirrende Tageshitze weicht in der Nacht einem eisig blasenden Wind.

Auf einem überdachten Felsvorsprung oder an einem Dorfbrunnen halten die Helfer „Sprechstunde". Und immer wieder finden sie in irgendwelchen Scheunen, Felshöhlen und Ställen in den hintersten Winkeln des Himalaya abgeschobene Patienten, lebendig Begrabene, die nun zum ersten Mal Medikamente bekommen und vor allem wieder eine Ahnung von Menschenwürde.

Mittlerweile sorgt einheimisches Personal, in neunmonatigen Kursen ausgebildet, für die unerlässliche Nachbehandlung und Kontrolle über Jahre hinweg, durchstreift das Land per Motorrad, Kamel oder Auto, baut Außenstationen auf. Ohne Rehabilitation und soziale Wiedereingliederung bliebe die medizinische Heilung Stückwerk. Deshalb hilft das Team um die inzwischen zur „nationalen Beraterin" im Rang einer

Staatssekretärin ernannte Ruth Pfau den Patienten mit zinslosen Darlehen bei der Existenzgründung. Die einstigen Leprösen kaufen sich Webstühle, Nähmaschinen, Obstkarren, richten sich kleine Geschäfte und einfache Häuser ein.

> *„Wir werden oft gefragt: Warum macht ihr so ein Tamtam um ein paar verkrüppelte und meistens asoziale Leprapatienten? Was für eine verrückte Idee! Glaubt ihr, dass ihr jemals Dank dafür ernten werdet?*
> *Ehrlich gesagt: Wenn man es genau überlegt, gibt es keine Antwort auf die Frage. Denn die Kraft, die uns antreibt, kann man nicht mit Vernunftgründen erklären. Wer wollte Liebe ‚vernünftig‘ nennen? Ist Liebe nicht – ihrer ganzen Natur nach – ein bisschen verrückt?*
> *In unserem täglichen Leben sind diese ‚Verrücktheiten‘ etwas ganz Normales – sie sind unsere Form der Liebe, der Beweis dafür, dass wir wirkliche Christen sind.“* [37]

Was andere Opfer oder Verzicht nennen würden, ist für sie eine Erfahrung von Freiheit: Sie ist der Sorge enthoben, Karriere machen und ihre Existenz sichern zu müssen. Ohne das vitale Bewusstsein der Nähe Gottes könnte sie das alles freilich nicht. Nur Gott könne einen wirklich nehmen. „Die anderen haben ein zu kleines Herz.“

Selten ist sie zu Besuch in ihrer deutschen Heimat, herzlich aufgenommen von vielen Freunden – und immer wieder angenehm überrascht von der Emanzipation der Frauen und dem vielfältigen Engagement für die Nöte in der Welt. Aber sie vermisst das mühelose Miteinander, die selbstverständliche zwischenmenschliche Wärme, den Mut zum Wagnis. Überall, sogar unter den so klugen jungen Leuten, eine lähmende Angst vor der Zukunft, vor einem düsteren Schicksal, gegen das man ja doch nichts tun könne. „Man greift nicht mehr nach den Sternen, wenn man so tief gebeugt ist.“

Die Kehrseite dieser Angst: In einer Schule irgendwo im Ruhrpott, wo sie bei ihrem letzten Besuch vor ein paar Jahren noch als naiver Sozialapostel kritisiert und zur Revolte gegen ungerechte Gesellschaftsstrukturen aufgefordert wurde, dort sitzen die Schüler jetzt, als sie wiederkommt, brav in ihren Bänken, genießen die Dias von der pakistanischen Berglandschaft – und machen die Augen zu, als die leprazerfressenen Bewohner dieses Paradieses ins Bild kommen.

„Sie erledigten das auf der ästhetischen Ebene“, erinnert sich Ruth Pfau. „Es ekelte sie, damit war es abgelegt. Diese 17- bis 19-jährigen Schüler eines staatlichen Gymnasiums hatten offensichtlich eine perfekte narzisstische Schutzreaktion entwickelt. Sie kamen gar nicht auf die Idee, sich auf Leid emotional einzulassen, das sie nicht unmittelbar selbst betraf. Ich fragte mich hinterher: Können die überhaupt noch weinen?"

Krank seien nicht nur die verfaulenden, blinden, stinkenden Leprösen in Pakistan, meint die Ärztin, vor denen sich die feinen Kids grausen. Krank sei auch eine Gesellschaft, deren Jugend sich nicht mehr wehtun lasse.

Gibt es eine Liebe, die bleibt?

Karl Rahner, Jesuit und Vordenker heutiger
Theologie (1904–1984)

Als eine seiner Innsbrucker Studentinnen in seelische Probleme stürzte und ihre Diplomarbeit nicht zustande brachte, schleppte der damals schon weltberühmte Professor Rahner das gesammelte Material zu sich nach Hause und tippte ihr kurzerhand die ganze Arbeit auf seiner Schreibmaschine. Im Innsbrucker Jesuitenkolleg, wo er wohnte, riss er sich um den Tischdienst: Dabei konnte er nämlich Brot und Fleisch für die Wermutbrüder abzweigen, die ihm das Sprechzimmer einrannten (und auf deren Lebensgeschichten er so neugierig war).

So ist er gewesen, der Jahrhunderttheologe, der Professor in Innsbruck, München, Münster war, der Gelehrte von Weltruf, dessen Terminkalender in einem einzigen Herbst fünfzehn Vortragsreisen enthielt und von dem man wusste, dass er seine Vorträge nicht wiederholte, sondern jeden Auftritt eigens ausarbeitete, dieser ständig voll konzentrierte Gehirnakrobat, der Buchreihen und Zeitschriften gründete, Bischöfe beriet und so nebenher die Korrekturen von 30.000 Artikeln für ein von ihm herausgegebenes zehnbändiges Lexikon las. Dieses phänomenale Arbeitstier hatte offenbar einen unerschöpflichen Vorrat an Zeit, wenn ihn jemand brauchte.

Sein Schüler Johann Baptist Metz hat ihn einen „Vater des Glaubens" genannt, einen Gelehrten, den man früher als „mystischen Theologen" bezeichnet hätte, Gott suchend und gotterfahren: „Er lockte die in die steilen Türme der Mystik eingemauerte Gotteserfahrung ins alltägliche, schrecklich profane Leben unserer Zeit hinein. Er traut diese Erfahrung des unaussprechlichen Geheimnisses allen zu in der tiefen Diesseitigkeit ihres Lebens."

Die Spuren Gottes im Menschen entdecken

Die alte Mutter Kirche mit ihren glanzlos gewordenen Schätzen und die skeptischen Menschen von heute mit ihren Sehnsüchten und Problemen ins Gespräch zu bringen, das war von Anfang an sein Anliegen gewesen. Der junge Rahner, 1904 in Freiburg geboren und 1922 ins Noviziat der Jesuiten eingetreten, absolvierte das bekanntermaßen gründliche Studium des Eliteordens zwar mit besonderer Begeisterung. Bei den damals noch durchweg auf Latein gehaltenen Lehrveranstaltungen war er mit solchem Eifer dabei, dass ihm seine boshaften Kommilitonen den Spitznamen „der Holzkopf" verpassten.

Aber dieses Sichvergraben in Bücherbergen und endlosen Spekulationen war doch nie Selbstzweck. Er sammelte wie ein Besessener Antworten und Erfahrungen, weil er die Sehnsüchte und Probleme der modernen Menschen teilte und selber nie aufhörte zu fragen. Nach zwölf Studienjahren begann er Vorlesungen in Wien zu halten, arbeitete dort am Seelsorgeinstitut mit und unternahm die ersten Vortragsreisen. „Hartes, nüchternes, bohrendes Fragen ist schon ein Akt der Frömmigkeit."

Eine entscheidende Rolle spielte Karl Rahner auf dem Zweiten Vatikanischen Konzil (1962–1965). Der Wiener Kardinal Franz König nahm ihn als seinen persönlichen Berater zu dieser Versammlung der Weltkirche nach Rom mit, wo er sich durch immenses Wissen, solide Argumentation und perfektes Latein auch bei erzkonservativen Kurienbeamten Respekt verschaffte.

Rahner setzt bei den Fragen und Erfahrungen des Menschen an, wenn er von der Wirklichkeit Gottes sprechen will. Es sind die existenziellen Fragen, die den Menschen über sich hinausführen und ihm eine Ahnung vom Ewigen vermitteln, dem er sich verdankt: Hat mein Leben Sinn? Gibt es eine Liebe, die bleibt? Gibt es einen Weg aus der Verstrickung in Schuld? Hat Treue Sinn? Keine Liebe, die nicht eine noch größere, dauerhafte Liebe erhoffen lässt. Keine Treue, die nicht auf restlose Geborgenheit drängt. Die Suche nach der Wahrheit, die Verantwortung, die radikale Liebe, ohne Vorbehalt gewagt, erheben einen absoluten Anspruch, der die Erfahrung dieser Welt übersteigt.

> *„Der Mensch ist die radikale Frage, das absolute Geheimnis, ‚Gott' genannt, ist die einzige Antwort."*

Wo einer plötzlich unerbittlich seine ganze Freiheit und Verantwortung begreift, wo er bedingungslos zu lieben wagt, ohne Vorbehalt und Hintertürchen, wo einer reine Schönheit erfährt oder auch ausweglose Schuld, wo eine Sehnsucht in ihm aufbricht, die unstillbar scheint – überall dort begegnet er Gott in der Mitte seiner eigenen Existenz. Wo einer sich wirklich total auf einen anderen einlässt, im Wissen um die Endlichkeit, Brüchigkeit, Unzuverlässigkeit jeder solchen Beziehung, das Risiko eingehend, enttäuscht und verraten zu werden – wo ein Mensch das fertigbringt, da bejaht er in dem geliebten Menschen zugleich den, welcher der Grund solcher Liebe ist und das radikale Vertrauen trägt und legitimiert. Erst dann ist auch eine enttäuschte und verratene Liebe sinnvoll.

Anders gesagt: Überall dort, wo einer tapfer hofft trotz aller herzbeklemmenden Angst, wo einer wirklich gut ist zu einem anderen Menschen, ohne auf ein dankbares Echo zu rechnen, wo einer verzeihen kann, ohne dafür irgendwie belohnt zu werden, wo er sich rein aus seinem Gewissen heraus für etwas entschieden hat, wo er sich der Verzweiflung stellen kann aus einem letzten Vertrauen heraus – überall dort tritt der verwandelnd in das menschliche Leben ein, den die Christen – und nicht nur sie – Gott nennen.

> „Wo ein Mensch seine letzte Freiheit erfährt und annimmt, (…) wo der bittere, enttäuschende und zerrinnende Alltag heiter gelassen durchgestanden wird (…), wo man in eine schweigende Finsternis hinein zu beten wagt, (…) wo der Mensch alle seine Erkenntnisse und alle seine Fragen dem schweigenden und alles bergenden Geheimnis anvertraut (…), da ist Gott und seine befreiende Gnade." [38]

„Warum gibt es keine Enzyklika über Gott?"

Wer könnte den Menschen eher helfen, diesen Gott zu entdecken, den sie längst in sich tragen, ohne es zu wissen – wer könnte es besser als die Kirche, in der die Sehnsüchte und Glaubenserfahrungen langer Jahrhunderte gesammelt sind? Doch als er alt geworden war, sah er den Elan dieser Kirche verblassen: Statt „rasant, glühend, leuchtend" die Botschaft von Gott zu verkünden, wache sie nur noch ängstlich abwehrend über die korrekte Lehre.

Rahner: Warum gibt es päpstliche Rundschreiben über alle möglichen Themen, aber nicht schlicht über Gott und die Möglichkeit, ihn zu erfahren? Viel radikaler und lebendiger müsste von der Wahrheit des Christentums geredet werden, stattdessen pflege man eine Kleinbürgermentalität, entziehe sich den gesellschaftspolitischen Herausforderungen, und das sei vielleicht eine größere Irrlehre, als wenn ein Christ an der Existenz der Engel oder an der Erbsünde zweifle! Nicht bei den Biederen und Selbstgerechten sei der Platz der Christen, sondern an den Rändern der Gesellschaft, an den Brennpunkten menschlicher Verzweiflung, wo wahrscheinlich auch Jesus von Nazaret zu finden gewesen wäre.

Deshalb hielt sich der gefeierte Professor Rahner so gern im Jugendhaus in der Wiener Blindengasse auf, unter Alkoholikern, Strafentlassenen, Gestrandeten und Gefährdeten. Er fühlte sich in dieser Umgebung zwar ein wenig wie ein „sonderbares Tier", wie er sagte, aber er war fasziniert von den Lebensgeschichten der „Blindengassler" und von der zähen Tapferkeit, mit der sie ihr schwieriges Schicksal bewältigten.

Wenige Tage nach den großen Feiern zum 80. Geburtstag wurde Rahner mit Atemnot ins Krankenhaus gebracht. Drei Wochen später, am 30. März 1984, schlief er friedlich für immer ein.

Um Rahner trauerte nicht nur die Gelehrtenwelt. In der Wiener Blindengasse sprach sich die Todesnachricht in Windeseile herum. Unter den Kids und Halbstarken, die dort im Jugendhaus gestrandet waren, besaß Rahner richtige Freunde. Einer hatte ihm vertrauensvoll geschrieben: „Lieber Rahnervater, Du kennst mich aus der Blindengasse, wo Du gewohnt hast, wenn Du in Wien gewesen bist. Ich bin der Habicht und hab' alles hinter mir, Gefängnis, Psychiatrie [...] Ich wollte dann Pferdepfleger werden, jetzt bin ich Schweinemäster geworden. Für Deine Briefe und die Einladung zum Geburtstag danke ich Dir. Der Habicht."

Rettung für die Kinderwitwen

Pandita Ramabai, Wissenschaftlerin und
Sozialreformerin (1858–1922)

Hätte sie diesen Vater nicht gehabt! Anant Shastri Dongre lebte als berühmter Hindu-Gelehrter in der Einsamkeit des Gangamula-Waldes im indischen Distrikt Mangalur. Als Brahmane gehörte er der hoch angesehenen einstigen Priesterkaste an, aber er kannte keine Berührungsängste und gewährte allen Schülern, die ihn als Guru erwählten, bereitwillig Gastfreundschaft – so hingebungsvoll, dass er eines Tages sein ganzes Vermögen aufgebraucht hatte und mit seiner Familie auf Wanderschaft gehen musste, von Heiligtum zu Heiligtum, um als *Puranika* seinen Lebensunterhalt zu verdienen: als Vorleser der heiligen Puranas, göttlicher Offenbarungen, die Regeln für die Anbetung einer Gottheit enthalten, Anregungen für das spirituelle Leben und ethische Unterweisungen.

Aber es geht ja um Dongres jüngste Tochter Ramabai Sharasvati, 1858 im Gangamula-Wald geboren. Weil ihr Vater einer Frau das gleiche Recht auf Bildung zugestand wie einem Mann, ließ er seine Gattin an seinem Unterricht in Sanskrit – der heiligen Sprache des alten Indien – teilnehmen, was sie wiederum an ihre Tochter weitergab; er selbst unterrichtete Ramabai in der Spiritualität und Philosophie des Hinduismus. Schon mit zwölf Jahren kannte sie angeblich rund tausend Verse der Veden, der heiligen Hindu-Schriften, auswendig.

Als ihre Eltern während einer verheerenden Hungersnot starben, war Ramabai sechzehn Jahre alt – und gegen die herrschende Sitte unverheiratet. Genauso ungewöhnlich war es, dass sie nun mit ihrem Bruder als Puranika umherzog und sich gegen alle Widerstände konservativer Kreise einen Namen als Sanskritforscherin machte. Bei einem zweijährigen Aufenthalt in Kalkutta behauptete sie sich in allen Diskussionen mit Religionsgelehrten so erfolgreich, dass sie ihr den Beinamen Pandita, „Professorin", gaben.

Ein Skandal, diese Hochzeit!

Die „Professorin" betrieb ihre Wissenschaft aber nicht in einem weltabgewandten Elfenbeinturm. Ihr waches Gerechtigkeitsgefühl empörte sich über die Armut breiter Volksschichten und über das grausame Schicksal vieler indischer Frauen. Es galt – und gilt teils bis heute – als normal, Mädchen im zarten Kindesalter mit kraftstrotzenden Männern oder mit Greisen zu verheiraten. Und wenn junge Witwen zusammen mit ihren toten Ehepartnern verbrannt wurden, nahm man das ebenso gleichgültig hin.

 ## Kinderheirat und Witwenverbrennung

Die Kinderheirat ist in Südasien in ländlichen, wenig entwickelten Regionen immer noch gang und gäbe, obwohl sie gesetzlich verboten ist – wofür in Indien Sozialreformer wie Ram Mohan Roy und Mahatma Gandhi kämpften. Der 1929 erlassene Child Marriage Restraint Act schreibt für Mädchen ein Heiratsalter von mindestens 18 Jahren (bei Jungen sind es 21 Jahre) vor. Trotzdem werden im armen Bundesstaat Bihar weiterhin 59 Prozent der Frauen vor Erreichen des 18. Lebensjahrs verheiratet. In hoch entwickelten Regionen wie Kerala sind es nur noch zehn Prozent.

Die Sitte der Witwenverbrennung (Sati) geht auf das Selbstopfer von Frauen aus Fürstenfamilien zurück, deren Männer im Kampf gefallen waren und die nicht den Feinden in die Hände fallen wollten. Später wurde aus solchen Heldentaten, die der Witwe nicht nur die Wiedervereinigung mit ihrem Mann sofort nach dem Tod und den Aufenthalt im Paradies, sondern auch göttliche Verehrung sicherten, eine Zwangspraxis. Seit 1829/30 ist die Witwenverbrennung zwar verboten. Zu Ramabais Lebzeiten kam sie dennoch häufig vor. Einzelne Fälle gibt es heute noch, teils aus freiem Entschluss der trauernden Ehefrau, teils unter sozialem Druck und Anwendung von Gewalt.

„Die Törin, die wegen des kurzen Schmerzes der Verbrennung ein solches Glück von sich weist", heißt es in den *Puranas*, „wird ihr Leben lang vom Feuer des Trennungsschmerzes verzehrt."

Ramabai versuchte in zahllosen Vorträgen, Debatten und Zeitungsinterviews nachzuweisen, dass solche menschenverachtenden Praktiken nicht im Einklang mit den ehrwürdigen hinduistischen Weisheitslehren stünden – und begann zunehmend an ihrer Religion zu zweifeln, die sich nach ihrem Eindruck zu wenig für die Menschenwürde engagierte. Auch ihre Heirat mit dem bengalischen Rechtsanwalt Babu Bipin Behari Madhavi musste sie sich gegen den wütenden Widerstand orthodoxer Hindus und Religionsbehörden erkämpfen. Denn ihr Auserwählter stammte aus der niedrigsten, der Shudra-Kaste, während sie selbst der höchsten, der Brahmanen-Kaste, angehörte.

Als ihr Mann kurz darauf mit 23 Jahren an der Cholera starb, stieg Ramabai endgültig aus ihren bisherigen Bindungen aus. Sie näherte sich dem Christentum an – zum Entsetzen auch liberaler Gesellschaftsschichten in Kalkutta – und zog mit ihrer kleinen Tochter, die den hübschen Namen Manorama („Herzensfreude") trug, nach Poona. Hier lernte sie Englisch und begann ihren feministischen Klassiker The *High Caste Hindu Woman* zu schreiben, eine leidenschaftliche Polemik gegen Kinderheirat, Polygamie und Witwenverbrennung.

Indien gehörte damals noch zum britischen Empire. Deshalb veröffentlichte Ramabai in England Streitschriften und hielt Vorträge, um das Gewissen der Kolonialmacht wachzurütteln. In Fulham hatte sie ein erregendes Erlebnis: Sie begegnete den *Schwestern vom Kreuz*, die sich ebenso mitfühlend wie respektvoll um gesellschaftliche Außenseiter und gefallene Mädchen kümmerten.

Pandita Ramabai gewann den Gott lieb, dem die Gescheiterten so kostbar waren. Sie ließ sich taufen, arbeitete an einer britischen Frauenschule, lernte Griechisch und Hebräisch, um die Bibel wissenschaftlichen Ansprüchen genügend in ihre Muttersprache *Marathi* übersetzen zu können, und brach nach Amerika auf, um dort Spenden für ihre geplanten Projekte in Indien zu sammeln und weitere Bücher zu veröffentlichen – in denen sie auch nicht mit Kritik an westlichen Gesellschaften und am Rassismus in den USA sparte.

Wieder zurück in ihrer indischen Heimat, gründete sie in Bombay *Shârâda Sadan* (Stätte der Weisheit), ein Heim für mittellose, blutjunge Witwen, wo sie auch unterrichtete. Sie bekam viel Unterstützung von sozial orientierten Reformkreisen – und stieß auf hasserfüllte Abwehr bei gesprächsunwilligen Hindus, die in ihren Aktivitäten geschickt getarnte Manöver christlicher Missionare vermuteten.

Während einer der vielen Hungersnöte holte sie 600 junge Mädchen aus den Krisengebieten in ihr Heim – und gründete mit Spendengeldern aus Großbritannien und den USA ein Dorf namens *Mukti* (Rettung), wo bald rund 3000 Witwen im Kindesalter lebten, mit Schulen und Kindergarten, Handwerksbetrieben, einer Druckerei und Obstgärten.

Ramabai bildete hier zwar neben Lehrerinnen und Krankenpflegerinnen, um die man sich überall in Indien riss, auch Missionarinnen aus, achtete in ihren Erziehungsaktivitäten aber streng auf religiöse Neutralität. Am 5. April 1922, ein Jahr nach ihrer Tochter, die in England und Amerika studiert und hier in Mukti unterrichtet hatte, starb Pandita Ramabai in Frieden. Ihre *Mukti Mission* ermöglicht heute noch vielen Witwen, Waisen und Blinden Wohnen und Ausbildung.

Der Todesschuss am Altar

Oscar Arnulfo Romero, Erzbischof von El Salvador und Märtyrer (1917–1980)

San Salvador, in der Kapelle eines Krebskrankenhauses, am 24. März 1980: Mitten in einen Totengottesdienst hinein peitschen Schüsse. Die heimtückischen Dum-Dum-Geschosse treffen den Priester in den Kopf und das Herz. Erzbischof Oscar Romero sackt am Altar zusammen, Blut rinnt ihm aus Mund und Ohren. Nach wenigen Minuten stirbt er auf dem Weg in die Klinik.

Am Tag vor dem Anschlag hatte sich der Erzbischof mit einer unmissverständlichen Predigt in der Kathedrale von San Salvador sein Todesurteil gesprochen: Er erkannte den Unterdrückern seines Volkes ihr Christsein ab und rief Soldaten, Nationalgardisten, Polizisten offen zur Befehlsverweigerung auf: „Brüder, ihr gehört zu unserem Volk, ihr tötet eure eigenen Brüder unter den Bauern! Es ist höchste Zeit, dass ihr euer Gewissen wiederentdeckt und ihm gehorcht statt sündhaften Befehlen."

Daraufhin heuerten die Mächtigen des Landes einen bezahlten Killer an. Die Spur des Scharfschützen, der in der allgemeinen Panik entkam, führte zweifelsfrei in die Militärkasernen. Der US-Geheimdienst und die nach dem Ende der Diktatur 1992 von den Vereinten Nationen eingesetzte „Wahrheitskommission" haben erdrückende Indizien dafür gefunden, dass der einstige salvadorianische Geheimdienstchef und Kopf der Terrororganisation ORDEN, Roberto D'Aubuisson (später Präsidentschaftskandidat in El Salvador, 1992 gestorben) höchstpersönlich den Mordbefehl gab.

El Salvador im Bürgerkrieg

Im kleinsten und am dichtesten besiedelten Land Mittelamerikas lösten ein Jahrhundert lang Diktaturen und Militärjuntas einander ab, wechselten die Familienclans im Präsidentenpalast, ohne dass sich an der dort betriebenen Interessenpolitik auf dem Rücken der verarmten Landarbeiter und städtischen Slumbewohner etwas geändert hätte.

Als Romero sein Bischofsamt in der Hauptstadt San Salvador antrat, verdienten die meisten Menschen nicht einmal 300 Dollar im Jahr. Jeder Dritte starb an Unterernährung, nur jeder Fünfte hatte ganzjährig Arbeit. Zwei Prozent der Bevölkerung, reiche Kaffeefarmer-Familien, kontrollierten zwei Drittel des Bodens.

Beinahe jeden Morgen fand man damals auf den Straßen Leichen mit Foltermalen. Allein in den drei Jahren nach Romeros Ermordung forderte der Krieg zwischen Militärjunta und Guerilleros schätzungsweise 35.000 Menschenleben.

1992 wurde der Bürgerkrieg offiziell für beendet erklärt. Doch noch 2009 betrug die Arbeitslosenrate im Land 40 Prozent, rund ein Drittel der 5,7 Millionen Einwohner lebte unterhalb der Armutsgrenze.

Ein melancholischer Kämpfer

Auf dem Höhepunkt des Bürgerkrieges hatte sich die Kirche längst entschlossen auf die Seite des leidenden Volkes gestellt. Christliche Basisgemeinden konfrontieren hier wie überall in Lateinamerika das Evangelium mit der täglichen Ungerechtigkeit. Sie organisieren Volksapotheken und Bildungsprogramme, verteilen Lebensmittel, schulen Erste-Hilfe-Gruppen.

Aber die Kirche zahlte einen teuren Preis für ihr Engagement: Zu Dutzenden wurden Priester, Katechisten, Nonnen, die sich für die Rechte der stummen Opfer einsetzten, als „Kommunisten" verketzert, verfolgt, ausgewiesen, gefoltert, ermordet. „Tu was für dein Vaterland, töte einen Priester!", forderten Flugblätter in der Hauptstadt.

In dieser explosiven Situation ernannte Papst Paul VI. ausgerechnet den weltfremden, auf Harmonie bedachten Oscar Arnulfo Romero zum Erzbischof von San Salvador. Der an der römischen Gregoriana-Universität ausgebildete ehemalige Generalsekretär der Bischofskonferenz galt als blutleerer Verwaltungsfachmann. Er war ein ernster Mensch mit einer leisen Melancholie im Blick.

Doch wenige Wochen bitterer Erfahrungen genügten, um den Mann eine „Bekehrung" erleben zu lassen, wie er es selbst formulierte. Kaum war er zum Bischof geweiht, veranstalteten Nationalgardisten ein blutiges Massaker unter einer Menschenmenge, die in San Salvador gegen betrügerische Wahlmanipulationen protestierte. Als die Demonstranten in die nächste Kirche flüchteten, versuchte die Nationalgarde sie auszuräuchern.

Romero hörte sich fassungslos an, was geschehen war. Dann sagte er ganz ruhig zu seinen Mitarbeitern: „Jeder geht nach Hause und hilft den Menschen. Öffnet eure Türen allen, die sich in Gefahr glauben. Überprüft, ob sie wirklich verfolgt werden. Wenn ja, dann holt sie herein und versteckt sie."

Massaker in Aguilares

Kurz darauf töteten Heckenschützen, von Großgrundbesitzern bezahlt, den Pfarrer von Aguilares, Rutilio Grande, der die Ausbeutung beim Namen genannt hatte. Wieder ein paar Monate später überfiel das Militär das Dorf Aguilares mit Fallschirmspringern, Panzern und Maschinengewehren. Die Soldaten durchsuchten alle Wohnungen, zerfetzten Bilder von Pater Rutilio, verhafteten jeden, der eine Bibel besaß. Viele Menschen wurden verschleppt, sieben Dorfbewohner getötet. In der Pfarrkirche zerschossen die Uniformierten den Tabernakel, traten die Hostien mit Stiefeln und stürzten den Mesner vom Turm zu Tode, als er die Sturmglocke läuten wollte.

In wenigen Monaten hatte der knapp 60-jährige Romero, der bisher so still und vorsichtig erschienen war, einen bis an die Wurzeln gehenden Lernprozess durchgemacht. Er erschien wie verwandelt. Statt in einsam durchwachten Nächten sorgfältig formulierte Anweisungen an seinen Klerus zu entwerfen, suchte er jetzt überall das Gespräch. Die große Halle seines noch aus der Kolonialzeit stammenden Bischofspalais funktionierte er zur Cafeteria um. Sie wurde zur Informationsbörse der Hauptstadt, zum Treffpunkt für streikende Arbeiter, Bauern, Studenten, ausländische Journalisten. Jugendgruppen, Arbeiterversammlungen, Pfarrgemeinden fragte er nach ihren Sorgen und bat um ihren Rat.

Immer stärker wuchs dieser Hirte mit seinem geknechteten Volk zusammen. Frommen Kritikern erwiderte er, seine Botschaft sei keine andere als die des Evangeliums: die Nähe Gottes anzukündigen und die Sünde anzuklagen. Er ließ freilich keinen Zweifel daran, dass es auch politische Sünden gebe und dass sich die im Herzen des einzelnen Menschen entspringende Schuld in El Salvador längst zu einem mörderischen System der sozialen Sünde ausgewachsen habe, stets neue Gewalt zeugend. „Der Gott, zu dem wir uns bekennen, ist kein toter Gott; er ist ein lebendiger Gott, der den Schmerz von Gefolterten und Sterbenden mitempfindet, der mit uns fühlt, aktiv ist, arbeitet und die Geschichte lenkt."

Die Verfolgung in seiner Heimat, das erzählte er den Christen in den reichen Ländern, als sie ihm 1980 die Ehrendoktorwürde der Universität Löwen verliehen, diese Verfolgung gelte dem armen Volk, das den Leib Christi in der Geschichte bilde. „Es ist das wie Jesus ans Kreuz geschlagene Volk."

Der Vatikan plante seine Entmachtung

Immer häufiger legte man dem Erzbischof die verstümmelten Leichen von Erschossenen und zu Tode Gefolterten vor die Füße, wenn er sonntags in der Kathedrale Eucharistie feierte. Und immer klarer wuchs Romero in seine Rolle hinein, *la voz de los sin voz* zu sein, Stimme derer, die keine Stimme hatten. Seine Predigten waren von unschätzbarem Wert für das Volk. Den zahlreichen Analphabeten ersetzten sie die Zeitung.

Romero sprach nicht selten eineinhalb Stunden und länger, aber die Menschen drängten sich vor den Toren der Kathedrale, und über den kircheneigenen Rundfunksender YSAX erreichte er 73 Prozent der Landbewohner und 47 Prozent der Städter. Romero schlug einen Bogen vom Evangelium zur aktuellen Situation seines Landes. Er gab Nachrichten aus den Dörfern und Basisgemeinden bekannt, prangerte Menschenrechtsverletzungen und Terrorakte an, nannte die Verantwortlichen beim Namen, verlas lange Listen von Toten und Verschwundenen.

Mit seinen kompromisslosen Sonntagspredigten zimmerte sich der arme Priester Romero sein eigenes Kreuz – in El Salvador und in Rom. Die Vereinigung der Landbesitzer, Exportkaufleute und Industriellen finanzierte Anzeigenkampagnen gegen den „Mann, der seine Seele dem Teufel verkauft". Erzkonservative Mitbrüder schwärzten ihn in Rom an. Am Ende erwog die Kurie, dem Erzbischof einen Administrator an die Seite zu stellen, der ihm die Autorität aus der Hand genommen hätte.

„San Romero de América"

Währenddessen häuften sich daheim in San Salvador die Morddrohungen. Romeros Wohnung wurde beschossen, und eines Tages fand man einen Koffer mit 72 Dynamitstäben am Altar. Der Erzbischof reagierte gelassen: Ihn könne man umbringen, aber nicht die Kirche und nicht die Stimme der Gerechtigkeit.

> *„Ich bin oft mit dem Tod bedroht worden. Ich muss Ihnen sagen, als Christ glaube ich nicht an den Tod ohne Auferstehung: Wenn sie mich töten, werde ich im Volk von El Salvador wieder auferstehen. [...] Ja, gebe Gott, dass diese Leute einsehen, wie sie ihre Zeit verschwenden: Ein Bischof mag sterben, doch die Kirche Gottes, das ist das Volk, wird niemals zugrunde gehen."* [39]

Am 24. März 1980 lauerten ihm seine Mörder auf. Die Reaktion der römischen Kirchenleitung auf das Martyrium des politischen Erzbischofs war zwiespältig: Papst Johannes Paul II. eilte 1983 bei seinem Besuch in El Salvador gegen den Widerstand der Regierung an Romeros Grab und verlangte, das Andenken des „eifrigen Hirten" immer zu respektieren. Eine halbe Million dankbarer Kleinbauern, Landarbeiter, Slumbewohner jubelten ihm zu; auf der Ehrentribüne, wo die Regierungsmitglieder und hohen Militärs saßen, rührte sich keine Hand.

Als aber 1994 Romeros Freund und Nachfolger im Bischofsamt Arturo Rivera y Damas starb, ein engagierter Menschenrechtler, da ernannte der Woityła-Papst das Opus-Dei-Mitglied Fernando Sáenz Lacalle zum Erzbischof von San Salvador. Sáenz Lacalle traf sich als einstiger Militärbischof gern mit Armeeführern und rechtsextremen Politikern. Zum Seligsprechungsverfahren für seinen Vorgänger merkte er an, Romeros „heroische Sorge für die Armen" sei ihm bekannt, aber man dürfe ihn nicht zu früh und ohne römische Erlaubnis als Märtyrer verehren.

Solche kirchenpolitischen Feinheiten sind dem katholischen Volk egal. Es nennt den Toten längst *San Romero de América*.

„Die Weiße Rose lässt Euch keine Ruhe!"

Sophie und Hans Scholl, Studenten und Widerstandskämpfer
(1921 bzw. 1918–1943)

Am 18. Februar 1943 huschten zwei schlanke Gestalten durch die verlassenen Flure der Münchner Universität; die Vorlesungen waren noch nicht zu Ende. Vor den Hörsaaltüren, auf Fenstersimsen und Mauervorsprüngen verteilten sie Flugblätter, die eine nüchterne Beschreibung der militärischen Lage gaben („Hitler kann den Krieg nicht gewinnen, nur noch verlängern"), zum Widerstand gegen die Nazi-Diktatur aufriefen und von einem neuen, europäisch orientierten Deutschland in Freiheit träumten. Als am Ende noch Flugblätter übrig waren, ließen sie diese vom obersten Stockwerk unter der großen Glaskuppel in den Innenhof hinunterflattern.

Die beiden Studenten Hans und Sophie Scholl, setzten sie alles auf eine Karte, weil sie die Anspannung der letzten Monate nicht mehr aushielten? Neuere Forschungen legen die Vermutung nahe, dass die Aktivitäten der Geschwister Scholl und ihrer Widerstandsorganisation, der Weißen Rose, tags zuvor an die Gestapo verraten worden waren, dass die beiden das wussten und vor dem erwarteten Zugriff noch ein unübersehbares Zeichen setzen wollten.

Die verwegene Aktion war jedenfalls ein tödlicher Fehler. Der Hausmeister Jakob Schmied, ein strammer SA-Mann, sah die Blätter durch das Treppenhaus segeln, rannte den beiden nach und schleppte sie in das Rektorat. Die Geheime Staatspolizei (Gestapo) rückte an, schloss alle Ausgänge, sammelte die Flugblätter ein. Nur wenige Tage später wurden Hans und Sophie Scholl in einem Schauprozess zum Tod verurteilt und zum Schafott geführt.

Das war der Beginn der Legende von der „Weißen Rose": ein rührendes Märchen von ein paar naiven Studenten, die etwas gegen den Krieg und die kulturlose Nazi-Bande tun wollten und sich mit ihren wenig durchdachten Spontanaktionen selbst dem Henker auslieferten. Doch die Flugblätter verraten politischen Durchblick und eine klare Strategie:

Herstellung einer Gegenöffentlichkeit zur Nazi-Propaganda und Sabotage der Rüstungsbetriebe und der technischen Büros. Nach dem erhofften Ende des Hitler-Regimes der Aufbau eines föderalistischen Bundesstaates. Zusammenarbeit mit den europäischen Völkern, auch mit Russland. Eine andere gesellschaftliche Machtverteilung mit einem „vernünftigen Sozialismus".

Bubikopf als Provokation

Die Geschwister Scholl stammten aus einer Familie, in der selbstständiges Denken geschätzt war. Der Vater hatte im Ersten Weltkrieg den Dienst mit der Waffe verweigert und war als Sanitäter an die Front gegangen. Den Kontakt zu jüdischen Freunden ließ er sich auch von den Nazis nicht verbieten.

Hans Scholl, 1918 geboren, begeisterte sich für die völkische Bewegung: Kameradschaft, Volksgemeinschaft, Heimat! In der Hitler-Jugend stieg er zum „Fähnleinführer" auf. Doch als ihm sein Gruppenführer die Lektüre des jüdischen „Drecksliteraten" Stefan Zweig verbieten wollte, löste er sich sehr schnell von seinen Nazi-Freunden. In einem Brief an eine Freundin schreibt Hans 1941:

„Ich kann nicht abseits stehen, weil es für mich abseits kein Glück gibt, weil es ohne Wahrheit kein Glück gibt – und dieser Krieg ist im Grunde ein Krieg um die Wahrheit."

Auch seine drei Jahre jüngere Schwester Sophie hielt es nicht lange im Bund Deutscher Mädel. Sie begriff nicht, warum ihre Lieblingsfreundin Inge, mit ihren blonden Haaren und blauen Augen das Musterexemplar eines deutschen Mädchens, als Jüdin dort nicht erwünscht war.

Sophie selbst provozierte durch ihren unangepassten dunklen Bubikopf und träumte lieber vom Biologiestudium statt von einem Dasein als Hausfrau und Mutter. Einem Briefpartner vertraute sie an: „Du findest es sicher unweiblich, wie ich Dir schreibe. Es wirkt lächerlich an einem Mädchen, wenn es sich um Politik kümmert. Sie soll ihre weiblichen Gefühle bestimmen lassen über ihr Denken. Vor allem das Mitleid. Ich aber finde, dass zuerst das Denken kommt, und dass Gefühle oft irreleiten (…)."

Längst war die ganze Familie Scholl bei der Gestapo registriert. Der Vater war von seiner Sekretärin denunziert worden, weil er Hitler als „Geißel der Menschheit" bezeichnet hatte. Hans kam für vier Wochen in Haft, weil er bei einer illegalen Jugendgruppe mitmachte.

Jetzt hatten die Scholls am eigenen Leib erlebt, was sie in der Gesellschaft mit wachsendem Entsetzen beobachteten: Gleichschaltung, Gesinnungsterror, Gewalt gegen Andersdenkende. Hans, der Medizin zu studieren begonnen hatte, ließ sich bei den regelmäßigen Diskussions- und Leseabenden mit seinen Freunden in der Opposition bestärken. Zu der Gruppe gehörten der in Russland geborene Alexander Schmorell, der stark von katholischen Jugendgruppen geprägte Willi Graf und Christoph Probst, der schon mit 21 geheiratet hatte und bereits zweifacher Familienvater war.

Doch durfte man sich auf philosophische Gespräche beschränken, wenn überall aufrechte Christen verfolgt, Gewerkschafter verhaftet, Juden deportiert und ganze Regimenter in einem wahnwitzigen Krieg an der Front verheizt wurden? Im Sommer 1942 begann die Gruppe Flugblätter zu entwerfen, um Mitbürger, die bisher noch treu zum Regime standen, über die im Krieg und in den KZs verübten Gräuel und die katastrophale militärische Lage zu informieren.

> „Leistet passiven Widerstand, verhindert das Weiterlaufen dieser atheistischen Kriegsmaschine, ehe es zu spät ist, ehe die letzten Städte ein Trümmerhaufen sind, gleich Köln, und ehe die letzte Jugend des Volkes irgendwo für die Hybris eines Untermenschen verblutet ist. Vergesst nicht, dass ein jedes Volk diejenige Regierung verdient, die es erträgt!"
> Flugblatt der „Weißen Rose" vom Juni 1942

Die Flugblätter wollten eine intellektuelle Elite ansprechen und waren bewusst an Professoren, Studenten, Publizisten, aber auch an Gastwirte verschickt worden, deren Anschriften sich die Gruppe aus Adress- und Telefonbüchern besorgt hatte.

„Ich würde Hitler erschießen!"

Sophie Scholl begann im Sommer 1942 in München Biologie und Philosophie zu studieren, wohnte bei Hans, lernte seine Freunde kennen, stieß zufällig auf ein Flugblatt der Gruppe – und wurde eines ihrer entschlossensten Mitglieder. Sie fuhr mit einem Koffer voller Flugblätter nach Ulm, Augsburg, Stuttgart, wo sie das brisante Material in weit voneinander entfernte Briefkästen einwarf, um die bereits fieberhaft im ganzen süddeutschen Raum ermittelnde Gestapo zu verwirren.

„Wenn hier Hitler mir entgegenkäme und ich eine Pistole hätte, würde ich ihn erschießen", gestand sie einer Freundin. „Wenn es die Männer nicht machen, muss es eben eine Frau tun!" Und nachdenklich fügte sie hinzu: „Man muss etwas machen, um selbst keine Schuld zu haben." Auch kurz vor ihrer Hinrichtung bleibt sie entschlossen:

> *„Was liegt an meinem Tod, wenn durch unser Handeln Tausende von Menschen aufgerüttelt werden?"*

Währenddessen war der Münchner Musikpsychologe und Volksliedexperte Dr. Kurt Huber zur „Weißen Rose" gestoßen. Die vielen Mitwisser und Unterstützer riskierten ebenfalls Freiheit und Leben.

Nach dem Überfall auf Russland blieben die deutschen Truppen vor Moskau stecken, im Winter 1942/43 zerbrach der Mythos vom unbesiegbaren „Führer" erbärmlich in Stalingrad. In der Heimat fehlten Lebensmittel und Kohlen, die Stimmung schlug um. Die Scholls und ihre Freunde begannen wilde Hoffnungen zu hegen: Würde es zum Militärputsch kommen? Stand die Invasion der Alliierten bevor?

Die Gruppe wurde unvorsichtig. Nachts liefen Hans Scholl, Schmorell und Graf durch die verdunkelten Straßen, malten die Parolen „Freiheit!" und „Nieder mit Hitler" auf Hausfassaden und Universitätsgebäude. Schon wieder kursierten geheimnisvolle Flugblätter mit der Versicherung: „Wir schweigen nicht, wir sind Euer Gewissen; die Weiße Rose lässt Euch keine Ruhe!"

Von der Haltung, welche die Geschwister Scholl während der Verhöre bewiesen, war sogar die Gestapo beeindruckt. Die beste Figur machte nach allen Zeugenaussagen die 21-jährige Sophie. Während der Gerichtsverhandlung – eine elende Farce wie alle Schauprozesse der NS-Justiz – fiel sie unbeirrt mehrmals dem tobenden Vorsitzenden Roland Freisler ins Wort: „Einer muss ja doch mal schließlich damit anfangen!", verteidigte sie sich. „Was wir sagten und schrieben, denken ja so viele. Nur wagen sie es nicht auszusprechen!"

Wenige Tage nach der Hinrichtung tauchten an der Fassade der Universität neue Inschriften auf: „Scholl lebt! Ihr könnt den Körper, aber niemals den Geist zerstören!"

Den aufrechten Gang üben

Dorothee Sölle, Theologin und Schriftstellerin
(1929–2003)

Die kleine Dorothee wollte nicht wachsen („Ich war sehr lange Kind, warum sollte ich da heraus, aus dem Land Ohneangst?"), und vor allem wäre sie viel lieber ein Junge gewesen als ein Mädchen. „Meine Mutter sagte, dass Männer es besser haben. Nur in einem Punkt nicht: Sie könnten keine Kinder kriegen. Kinderkriegen fand ich aber nicht so wichtig wie zur See fahren, sich im Urwald einen Weg bahnen und Baumhäuser bewohnen." Also veranstaltete sie mit ihren Puppen gefährliche Abenteuerfahrten, statt sie zu bemuttern.

Unangepasst ist sie immer gewesen, die 1929 in Köln geborene Tochter eines Professors für Arbeitsrecht. Sie war der Schrecken ihrer Religionslehrer, denen sie unangenehme Fragen stellte, stritt sich mit ihren drei älteren Brüdern herum, floh aber auch vor den Schreckensnachrichten von der Kriegsfront ans Klavier und in die Klassikerlektüre. Diese heile Welt brach zusammen, als Familie Sölle die jüdische Mutter einer Schulfreundin in der Dachkammer versteckte, als das Elternhaus zerbombt wurde und der älteste Bruder auf dem Rücktransport aus russischer Kriegsgefangenschaft starb.

Geschieden und drei kleine Kinder

Dorothee studierte in Köln, Freiburg, Göttingen Deutsch, alte Sprachen, Philosophie und später Theologie – nicht um Pfarrerin zu werden: „Ich wollte ganz einfach die Wahrheit wissen und dachte, dass man deswegen auf die Universität geht." Doch die akademische Theologie kam ihr viel zu abstrakt und lebensfern vor. Die Protestantin promovierte in Literaturwissenschaft, war sechs Jahre Lehrerin an einer „braven, katholisch geprägten Mädchenschule" in Köln, heiratete einen weltfremden, aber interessanten Maler, bekam drei Kinder, wurde (mit Hilfe ihrer tatkräftigen Mutter) mit der Doppelbelastung ganz gut fertig, wechselte als wissenschaftliche Mitarbeiterin an die Universität – und dachte an Selbstmord, als die Ehe zwischen zwei so grundverschiedenen Menschen zerbrach: Halt, Heimat, Lebensperspektive, alles verloren. Eine alleinerziehende, geschiedene Mutter von drei Kindern, die auch noch als Theologin arbeitete, das war Anfang der sechziger Jahre eine peinliche Sache.

Aber in dieser Krisenzeit lernte sie unendlich viel: Dorothee Sölle, die einst so behütete Tochter aus gutem Haus, erlebte sich plötzlich solidarisch mit den Verlassenen, Überforderten, mit den unbeachteten Opfern der bundesrepublikanischen Wohlstandsgesellschaft und denen, die im weltweiten Kampf um Profit und Ressourcen auf der Strecke bleiben. Und im Kontakt mit jüdischen Theologen wie Martin Buber fand sie zu einer ganz neuen, impulsiven, leidenschaftlichen Gottesbeziehung. Gott nicht mehr als Inhalt kluger Lehrsätze, sondern als ein Gegenüber, das man liebt und mit dem man hadert, als eine Wirklichkeit, die ersehnt, gesucht, gefunden und verloren wird, die Menschen in Bewegung bringt und die Welt verändern kann.

Von einem Gott, „der alles so herrlich regieret", könne man nach Auschwitz wohl nicht mehr reden. In den Kaputten, Machtlosen, Elenden, in den Opfern begegne man dem Gott, der aus Liebe eins mit dieser Welt geworden ist, der sich in Christus hat kreuzigen lassen, der mit den Menschen leidet und ihnen die Kraft zum Kämpfen gibt. Ein Gott, der auf die Liebe und Hilfe der Menschen angewiesen ist, um diese Welt ans Ziel zu bringen: „Nicht: er hat's geschafft, darum auch wir, sondern: er wird gekreuzigt, jeden Tag. Mit ihm sein, sein Bild im Herzen tragen, ihm folgen heißt: sich eine Lebensperspektive zu eigen zu machen, die im unüberbrückbaren Konflikt zur Gesellschaft, in der wir leben, steht."

> *„Ich glaube an Gott, der die Welt nicht fertig geschaffen hat*
> *wie ein Ding, das immer so bleiben muss;*
> *der nicht nach ewigen Gesetzen regiert, die unabänderlich gelten;*
> *nicht nach natürlichen Ordnungen von Armen und Reichen, Sachverständigen*
> *und Uniformierten, Herrschenden und Ausgelieferten.*
> *Ich glaube an Jesus Christus,*
> *der recht hatte, als er,*
> *‚ein Einzelner, der nichts machen kann',*
> *genau wie wir,*
> *an der Veränderung aller Zustände*
> *arbeitete und darüber zugrunde ging.*

[…] Jeden Tag habe ich Angst,
dass er umsonst gestorben ist,
weil er in unseren Kirchen verscharrt ist,
weil wir seine Revolution verraten haben
in Gehorsam und Angst vor den Behörden.
Ich glaube an Jesus Christus,
der aufersteht in unser Leben,
dass wir frei werden von Vorurteilen und Anmaßung,
von Angst und Hass
und seine Revolution weitertreiben
auf sein Reich hin." [41]

Weil Beten und Handeln zusammengehören, initiierte die Sölle gemeinsam mit Heinrich Böll, Walter Dirks und ähnlichen frommen Querköpfen aus beiden Kirchen seit 1968 in Köln das *Politische Nachtgebet*. Die Themen: Dritte Welt, Frauenemanzipation, Stadtplanung, Strafvollzug… Bis zu 1200 Menschen drängten in die kleine gotische Antoniterkirche. Konservative Kreise warfen den Veranstaltern vor, das Evangelium für Propagandazwecke zu missbrauchen. Aber man könne doch nicht den Ruf der biblischen Propheten nach sozialer Gerechtigkeit verkünden, ohne sich mit der politischen Wirklichkeit auseinanderzusetzen, hielt Dorothee Sölle dagegen. „Von wem kaufen wir unseren billigen Kaffee und die Bananen, an wem bereichern wir uns, wie verhält sich unser Reichtum zur Armut der Mehrheit der Menschen, wie verhalten wir uns zur Schöpfung und all ihren Lebewesen, wohin gehen unsere Steuern?"

So eine Theologie verunsicherte viele, vor allem als sie ein zweites Mal heiratete, einen ehemaligen Benediktinermönch. Die einen himmelten sie als „Gotteslehrerin" an, die andern schmähten sie am Telefon, anonym natürlich, als „Kommunistensau". Zeitlebens bekam sie keinen Lehrstuhl an einer deutschen Universität, schlug sich mit Büchern, Aufsätzen und Lehraufträgen durch. 1975 dann eine Professur am renommierten *Union Theological Seminary* in New York – und eine ganz andere akademische und kirchliche Wirklichkeit: Interesse an ungewohnten Gedankengängen, unbefangene Diskussionen – und eine sinnliche Liturgie voller Leben, Zärtlichkeit und Freundschaft.

„Die Bomben fallen jetzt!"

Wieder daheim in Deutschland, sie lebte mit ihrem Mann Fulbert Steffensky in Hamburg, warb sie auf Kirchentagen, in Rundfunkbeiträgen, bei Sitzblockaden vor Raketenbasen und Giftgaslagern unermüdlich für einen geerdeten, rebellischen, befreienden Glauben. Gesellschaftliche Verhältnisse und politische Entscheidungen hätten unmittelbar mit dem Evangelium zu tun. „Es gibt kein fremdes Leid", behauptete sie vielsagend, und: „Die Bomben, die wir produzieren, fallen jetzt. Auf die Armen!" Als Nutznießer ungerechter Welthandelsstrukturen seien die Industrieländer für die Zustände in der Dritten Welt unmittelbar verantwortlich: „Wir sind nicht Zuschauer, wir sind nicht Opfer, wir sind Täterinnen und Täter, die das Elend mit verursachen."

Merkwürdig – oder auch nicht: Je radikaler die Sölle formulierte, desto frömmer wurde sie. Menschen, die sie gut kannten, haben sie am Ende ihres Lebens ungescheut als „Mystikerin" bezeichnet, freilich als Mystikerin von ganz eigener Art. Sie selbst sprach von einer „Mystik der offenen Augen". Wach geworden und befreit, schaue die Seele die Welt mit Gottes Augen an und nehme wahr, was sonst übersehen und weggedrängt werde. Gerade die Gewissheit, unendlich geliebt zu sein, treibe den gläubigen Menschen hinein in den politischen Raum, so erklärte sie es einmal, und die Bewegung der Liebe gehe aus dem Geheimnis Gottes durch das menschliche Herz hindurch mitten in die Welt.

> *„Du hast mich geträumt, Gott,*
> *wie ich den aufrechten Gang übe*
> *und niederknien lerne,*
> *schöner als ich jetzt bin,*
> *glücklicher als ich mich traue,*
> *freier als bei uns erlaubt.*
>
> *Hör nicht auf, mich zu träumen, Gott.*
> *Ich will nicht aufhören, mich zu erinnern,*
> *dass ich dein Baum bin,*
> *gepflanzt an den Wasserbächen*
> *des Lebens."* [42]

Eine Poetin war die Sölle immer schon gewesen. Ihren Enkelkindern erzählte sie am liebsten biblische Geschichten, und sie ging selten schlafen, ohne am Klavier Gott ein Loblied gesungen zu haben. Ihre Theologie schrieb sie gern in Form von Gebeten, und ihre politischen Brandreden unterbrach sie mit visionären, von Hoffnung sprühenden Gedichten, die sie ihre „kleinen Mutanfälle" nannte. Diese Frau soll eine verkappte Marxistin gewesen sein, eine politische Ideologin und Glaubenszerstörerin, wie der populäre Bibeltheologe Klaus Berger meinte, als er gegen ihre Trauerfeier in einer der großen Hamburger Kirchen protestierte?

Wie oft hat sie politische Aufrührer, deren Motive sie verstand oder teilte, vor blindem Hass gewarnt! Hass sei niemals schöpferisch. Wie oft bezeichnete sie, die überzeugte Linke, den Materialismus der roten Atheisten als „dumm" und „kleinkariert"! Die Religion werde verschwinden, sobald Ausbeutung und Unterdrückung abgeschafft seien? Damit raube Marx dem Menschen die Fähigkeit, zu träumen und sich voll zu verwirklichen, stellte sie traurig fest. Religion sei „der Versuch, keinen Nihilismus zu dulden und eine unendliche Bejahung des Lebens zu leben".

Sie starb mit 72 Jahren auf einer Vortragsreise. Als sie den Tod von ferne nahen fühlte, redete sie ihn nicht ohne Witz an:

> „Dear Mr. Death! Ich habe keine Angst vor Ihnen, Mr. Death, eher Angst vor den vielen Schläuchen und Leitungen im Krankenhaus, die Sie abzuhalten oder aufzuschieben versuchen. (…) Was ich fürchte, ist das Alleingelassenwerden, wenn mein Lache- und Weinepartner vor mir fortmuss. Manchmal vermute ich, dass Liebe – falls wir wissen, was wir mit diesem Wort sagen – das Einzige ist, wovor Sie Respekt haben. In diesem Sinn möchte ich Sie bitten, uns nicht zu trennen." [43]

Der Mensch will die ganze Wahrheit

Edith Stein, Philosophin und Ordensfrau
(1891–1942)

D er israelische Rabbiner David Rosen – ein gebürtiger Ire – ist ein toleranter Mensch. Aber als 1998 die Nachricht um die Welt ging, die jüdische Ordensfrau Edith Stein werde jetzt nach langen, peinlichen Querelen doch heiliggesprochen, gab er nur den sarkastischen Kommentar ab: „Ich vermute, dass es Leute gibt, die meinen, wir sollten dankbar sein."

In den Augen nicht weniger Juden stellt die Aufnahme der in Auschwitz vergasten Karmelitin in den katholischen Heiligenhimmel einen unzulässigen Vereinnahmungsversuch dar. „Es ist schon bitter", bemerkte eine Nichte Edith Steins bereits nach der Seligsprechungsfeier 1987: „Heute schauten Millionen zu, als der Papst unsere Tante seligsprach. Aber 1933 bekam sie keine Antwort vom Papst, als sie auf das Schicksal der Juden hinwies."

Atheistin bis zum 21. Lebensjahr

1891 in Breslau geboren, wuchs sie in der intensiven religiösen Atmosphäre einer jüdischen Kaufmannsfamilie auf. Edith sprudelte über von verrückten Einfällen und war für ihre Wutausbrüche gefürchtet.

Die übliche Pubertätskrise kam mit dem 13. Lebensjahr. Damals habe sie sich ganz bewusst das Beten abgewöhnt, berichtet sie später. Bis zu ihrem 21. Lebensjahr sei sie Atheistin gewesen. Der religiösen Erziehung im Hause Stein scheinen letztlich Wärme und Überzeugungskraft gefehlt zu haben. Riten und Bräuche, ja, aber zu wenig Leben, zu wenig Tiefe. Und gerade die spontane Herzlichkeit war Edith so wichtig.

1911 schrieb sie sich an der Universität Breslau ein: Lehrerin wollte sie werden. In der experimentalpsychologischen Vorlesung war sie die einzige weibliche Hörerin. Edith suchte hier eine Antwort auf die Frage, die sie immer stärker umtrieb: Was macht den Menschen aus? Worin gründet die Würde seiner Person? Doch statt der erhofften Auskunft über die Seele als Mitte des Menschen fand sie nur eine öde naturwissenschaftliche Mechanik: eine Psychologie, die Seele, Geist, Lebenssinn in die Rumpelkammer der Mythen und Märchen verbannte und sämtliche psychischen Regungen auf einfache Sinnesempfindungen zurückführte. Edith war zutiefst enttäuscht.

In dieser Situation kam ihr wie ein Geschenk des Himmels ein faszinierendes Buch in die Hände: die *Logischen Untersuchungen* des Göttinger Philosophen Edmund Husserl. Ein Werk, das mit seiner radikalen Kritik am modischen Skeptizismus seinerzeit Geschichte machte. Husserl wagte es, wieder von der Wahrheit des Seins zu sprechen und von der lange verpönten Möglichkeit, die Wirklichkeit zu erkennen. Die Mitstudentin Hedwig Martius berichtet: „Wir besaßen keine Fachsprache. Es war nur der geöffnete Blick für die geistige Erreichbarkeit des Seins, was uns einte. […] Es war das Ethos der sachlichen Reinheit."

Edith Stein war begeistert. Sie übersiedelte nach Göttingen und fand sofort Anschluss an Husserls Kreis. Zeitweise studierte sie wie eine Besessene: „Meine Tage waren recht lang; ich stand früh um sechs auf und arbeitete bis Mitternacht, fast ohne Unterbrechungen. […] Und wenn ich zu Bett ging, legte ich mir Papier und Bleistift auf dem Nachttisch zurecht, damit ich Gedanken, die mir nachts kämen, gleich festhalten könnte."

Am Ende litt sie unter massiven Versagensängsten und Depressionen. Immer klarer kristallisierte sich die entscheidende Frage heraus, die Edith Stein nicht nur theoretisch interessierte wie irgendein kniffliges philosophisches Problem, sondern bis ins Innerste aufwühlte und herausforderte: die Frage nach dem tiefsten Grund der Wirklichkeit, nach der unzerstörbaren Realität.

Als Husserl 1916 einem Ruf nach Freiburg folgte, machte er Edith Stein zu seiner Assistentin. Eine Universitätskarriere blieb ihr zwar verwehrt, was nicht nur am zunehmenden antisemitischen Klima lag, sondern auch an den Ängsten der Professoren, die sich weibliche Kolleginnen auf einem Lehrstuhl einfach nicht vorstellen konnten. Dennoch schrieb sie in den nächsten Jahren wichtige Bücher, die eine Brücke zwischen der geistigen Tradition des christlichen Abendlandes und den philosophischen Neuaufbrüchen ihrer Zeit zu schlagen versuchten.

Stellvertretung

Denn Edith Stein, die notorische Zweiflerin, hatte sich inzwischen dem Christentum geöffnet. Der Mensch sei nicht nur auf einzelne Wahrheiten aus, formulierte sie später in ihrem philosophischen Hauptwerk *Endliches und ewiges Sein*: „Er will Ihn selbst, der die Wahrheit ist, den ganzen Gott, und ergreift ihn, ohne zu sehen […]."

1922 ließ sie sich – zum Schmerz ihrer leidenschaftlich geliebten Mutter – taufen. Was sie nicht daran hinderte, weiter mit ihr in die Synagoge zu gehen. Sie war jetzt als Deutschlehrerin in Speyer und später als Dozentin am katholischen Institut für wissenschaftliche Pädagogik in Münster tätig. In zahlreichen Reden stritt sie gegen die Unterdrückung der Frau und warb dafür, ihr die Eingliederung in das Berufsleben zu erleichtern: „Es gibt keinen Beruf, der nicht von einer Frau ausgeübt werden könnte!"

Das Nichtariergesetz beendete 1933 ihre Lehrtätigkeit. Im selben Jahr schrieb sie Papst Pius XI., um ihn zu einer Enzyklika gegen den Antisemitismus zu bewegen – nicht ganz ohne Erfolg: Der Papst gab das Rundschreiben 1938 tatsächlich in Auftrag. Es blieb jedoch beim Entwurf, weil er 1939 starb und sein Nachfolger Pius XII., als der Zweite Weltkrieg ausbrach, sich zunächst einmal auf Friedensappelle und Vermittlungsversuche konzentrierte.

Edith Stein hatte zu diesem Zeitpunkt schon ihre ersten sechs Klosterjahre hinter sich. In Köln war sie 1933 in den Karmelitenorden eingetreten. Wohl kaum aus Enttäuschung oder Lebensangst. Denn zur Spiritualität des Karmel gehört auch der Gedanke der Stellvertretung: vor Gott stehen für andere.

> *„Allmählich habe ich eingesehen, dass selbst im beschaulichsten Leben die Verbindung mit der Welt nicht durchschnitten werden darf; ich glaube sogar: Je tiefer jemand in Gott hineingezogen wird, desto mehr muss er auch in diesem Sinn, ,aus sich herausgehen‘, das heißt in die Welt hinein, um das göttliche Leben in sie hineinzutragen."* [44]

Schwester Teresia Benedicta a Cruce (Theresia, die vom Kreuz Gesegnete) hieß sie jetzt. Ihr Judentum legte sie als Nonne keineswegs ab wie ein unmodern gewordenes Kleid. Im Gegenteil: Als Christin lernte sie den Gott, der ihr Volk durch seine ganze Geschichte prägte, erst richtig lieben. Die Schicksalsgemeinschaft zwischen Christen und Juden wollte sie leben. Am Ölberg bei Christus in seiner Todesangst ausharren und solidarisch mit ihrem gejagten, abgeschlachteten Volk sein – das wuchs für die jüdische Karmelitin immer zwingender zu einer unauflösbaren Einheit zusammen.

Asylverfahren als Trauerspiel

Edith Stein, die Jüdin, die Christin wurde und Jüdin blieb. Einem befreundeten Jesuiten gegenüber äußerte sie einmal ganz stolz: „Sie ahnen nicht, was es für mich bedeutet, wenn ich morgens in die Kapelle komme und im Blick auf den Tabernakel und das Bild Mariens mir sage: Sie waren unseres Blutes."

Um ihre Mitschwestern nicht zu gefährden, übersiedelte sie in der Silvesternacht 1938/39 nach Holland – doch 1940 marschierten die Nazis auch hier ein. Man bemühte sich darum, ihr eine Auswanderungserlaubnis in die neutrale Schweiz zu verschaffen. Staatliche und kirchliche Bürokraten machten das Asylverfahren allerdings zu einem zeitraubenden Trauerspiel.

Am 26. Juli 1942 wurde in allen niederländischen Kirchen ein geharnischter Protest gegen die Deportation jüdischer Familien verlesen. In den katholischen Gotteshäusern kam noch ein Hirtenwort dazu, das mit einem Gebet für das Volk Israel schloss. Eine Woche später wollten die Deutschen ihre Rache haben. Sämtliche katholischen Juden wurden verhaftet und deportiert, schätzungsweise 1200 Menschen. Edith Stein war unter ihnen und ihre Schwester Rosa, die ebenfalls bei den Karmelitinnen Zuflucht gefunden hatte. Im Durchgangslager Westerbork – ein gespenstisches Terrain, mit meterhohem Stacheldraht und zahlreichen Wachttürmen umzogen – scheint Edith Stein eine merkwürdige Gelassenheit bewahrt zu haben. Ein Mithäftling gab später zu Protokoll:

> *„Die eine Nonne, die mir sofort aufgefallen war und die ich – trotz der vielen abscheulichen ‚Episoden', deren Zeuge ich war – nie habe vergessen können, die Frau mit ihrem Lächeln, das keine Maske war, sondern wie ein warmes Leuchten aufging, ist diejenige, die durch den Vatikan vielleicht heiliggesprochen wird [...], die so ganz und wahrhaftig und echt war.*
> *Bei einem Gespräch sagte sie: ‚Die Welt besteht aus Gegensätzen. Letzten Endes wird nichts bleiben von diesen Kontrasten. Die große Liebe allein wird bleiben. Wie sollte es auch anders sein können?' So sicher und demütig sprach sie, dass es die Zuhörer packen musste. Ein Gespräch mit ihr, das war eine Reise in eine andere Welt. In solchen Minuten bestand Westerbork nicht mehr."* [45]

Beide, Edith und Rosa Stein, sind wahrscheinlich sofort nach ihrer Ankunft in Auschwitz, am 9. August 1942, vergast worden.

Christen und Juden könnten sich im gemeinsamen Respekt vor dem Sterben einer Frau treffen, die sehr konkret und leibhaftig die Vernichtung ihres Volkes verkörpert. Für jene, die diese Vernichtung am liebsten vergessen machen oder doch zu einem ganz normalen geschichtlichen Ereignis neben anderen verharmlosen möchten, könnte Edith Steins Heiligsprechung eine Einladung zur Denk- und Trauerarbeit sein.

Ein Spitzel beim Nachmittagstee

Elisabeth von Thadden, Erzieherin
(1890–1944)

Am Anfang hatte die ostpreußische Gutsbesitzerstochter Elisabeth von Thadden der nationalen Sammlungsbewegung um Adolf Hitler noch positiv gegenübergestanden: Nach den blutigen Straßenkämpfen und all dem Parteienhader erhoffte sie sich eine tragfähige Ordnung und eine Chance für den Bürgersinn.

Doch entsetzt musste sie erleben, dass ihre jüdischen Freunde – in denen sie Mitmenschen sah, keine Andersartigen – boykottiert und bedroht wurden. Überall Terror, Spitzel und Lüge. Als sie später beim Roten Kreuz arbeitete, wies man sie an, Briefe von Kriegsgefangenen aus Russland zu vernichten, weil solche Botschaften die Moral der Heimatfront schwächen könnten.

Elisabeth, eine resolute, herzliche Frau von dominantem Auftreten und selbstverständlicher protestantischer Gläubigkeit, schloss sich keiner politischen Widerstandsgruppe an. Sie handelte einfach menschlich und kümmerte sich nicht um die staatlichen Erlasse. Alte Bekannte, die inzwischen den Judenstern tragen mussten und sich auf der Straße stumm an ihr vorbeidrücken wollten, umarmte sie ohne Scheu und lud sie ins Café ein.

Chefin mit 19 Jahren

1890 als Tochter eines verhältnismäßig liberalen, für die Entwicklungschancen der ländlichen Regionen aufgeschlossenen Landrats in Mohrungen geboren, hatte sie nach dem Tod ihrer Mutter 19-jährig die Führung des großen Gutsbetriebs ihrer Eltern übernommen. Sie sanierte die Arbeiterhäuser, besuchte die Kranken und organisierte Konferenzen, bei denen adelige Gutsbesitzer, Bauern, Lehrerinnen, SPD-Reichstagsabgeordnete, Gewerkschafter und Pastoren über eine zukunftsträchtige Sozialpolitik diskutierten.

Als der Vater wieder heiratete, verließ sie enttäuscht das elterliche Gut und ließ sich in Berlin zur Fürsorgerin ausbilden, wie die Sozialarbeiterinnen damals hießen. Sie war als Wirtschaftsleiterin in der für ihre Reformpädagogik berühmten Schule Salem tätig und bekam 1926 die Chance, im einstigen Landgut Wieblingen bei Heidelberg eine evangelische Privatschule mit Internat aufzubauen – mit gerade mal dreizehn Schülerinnen und 3.000 Reichsmark aus dem mütterlichen Erbe. Ihre Motivation war von Anfang an klar:

> *„Als Landerziehungsheim stellen wir uns die Aufgabe, die Schülerinnen in enger Fühlung mit der Natur und dem Landleben zu einem einfachen natürlichen Gemeinschaftsleben und zur Selbstständigkeit zu erziehen, das Gefühl für Verantwortlichkeit zu wecken."*

Jede Schülerin – bald waren es mehr als 100 – hatte Aufgaben im Haus und Garten zu übernehmen, Obst und Gemüse für die gemeinsamen Mahlzeiten kamen aus eigenem Anbau. In einer „Frauenschulklasse", deren Abschluss zum Eintritt in ein staatliches Kindergärtnerinnenseminar oder eine „Soziale Frauenschule" berechtigte, standen Volkswirtschaft, Geschichte, Kunstgeschichte, englische und französische Konversation, aber auch Hausarbeit, Schneidern, Säuglingspflege auf dem Stundenplan. Elisabeth von Thadden schickte ihre Mädels in öffentliche Universitätsvorträge und Theateraufführungen, um sie mit den aktuellen gesellschaftlichen Diskussionen vertraut zu machen. Sie fuhr mit ihnen nach Paris, Venedig, Florenz – bescheiden, dritter Klasse im Zug.

In das noble Erziehungsheim für junge Mädchen – vorwiegend aus Offizierskreisen – nahm sie jüdische Kinder auf, die aus den öffentlichen Schulen geflogen waren. Sie fand Spender, die ihnen den Platz im Internat bezahlten. Den Dank der verfemten Familien wehrte sie ab: „Nein, Sie helfen mir, meine Schülerinnen zu aufgeschlossenen und verständnisvollen Menschen zu erziehen!"

Das gelang ihr nicht bei allen. Die Denunziation durch eine Schülerin war der Anlass, dass ihr 1941 das badische Unterrichtsministerium die Leitung des Landerziehungsheims entzog, „da das Unterrichtsunternehmen keine ausreichende Gewähr bietet für eine nationalsozialistisch ausgerichtete Erziehung der Jugend". Die Schule wurde auch gleich geschlossen und in eine staatliche Bildungseinrichtung umgewandelt.

Was warf man ihr vor? Bei der von den Schulbehörden angeordneten Siegesfeier nach dem Frankreichfeldzug hatte sie einen Psalm vorgelesen – einen Text aus der Judenbibel! Und sie beschäftigte einen Religionslehrer aus der Bekennenden Kirche und – für die katholischen Mädchen – einen Jesuitenpater! Und es hatte einen Vortrag über die geistliche Erneuerungsbewegung in der englischen Kirche gegeben – als ob der Kriegsgegner ein Vorbild sein könnte! Und im Englischunterricht hatte man doch tatsächlich die verhasste Hymne *Rule Britannia* gesungen! Und im Staatsbürgerunterricht hatte sie sich kritisch über die Rassengesetze und die Behinderungen katholischer Jugendarbeit geäußert! Zum Glück wussten die Nazis nicht – noch nicht –, dass sie Kontakt zur Weltfriedensbewegung in der Schweiz hielt.

„Kein Wort, das andere belastet hätte"

Eine Geburtstagsfeier am 10. September 1943 wurde ihr endgültig zum Verhängnis. Im vertrauten Kreis – wie man meinte – sprach man beim Tee über die Zeit nach dem herbeigesehnten Kriegsende. SS und Gestapo musste man mattsetzen, eine neue Regierung bilden, die im Ausland Vertrauen gewinnen konnte. Namen für ein Schattenkabinett nach Hitler wurden genannt: der Leipziger Oberbürgermeister Carl-Friedrich Goerdeler, der einstige Reichskanzler Joseph Wirth.

Zu der Teegesellschaft hatte Elisabeth von Thadden nichtsahnend einen Spitzel eingeladen, einen Medizinalassistenten an der Berliner *Charité*. Der lief mit seiner Ausbeute schnurstracks zur Gestapo, die alle Gesprächsteilnehmer unter Telefonüberwachung stellte. Im Januar 1944 wurde Elisabeth von Thadden verhaftet und im Juli vom Volksgerichtshof wegen Wehrkraftzersetzung und Vorbereitung zum Hochverrat zum Tod verurteilt.

> *„Als Frau aus einem preußischen Adelsgeschlecht, in führender Erzieherstellung, hat sie durch Zweifel an unserm Endsieg Wehrkraft beeinträchtigt. […] Es wird ihr die Ehre für immer abgesprochen, und sie wird mit dem Tode bestraft."* [46]

In den Monaten dazwischen hatte man sie immer wieder zermürbenden Verhören unterzogen. 23 Stunden am Tag war sie mit schmerzhaften eisernen Handschellen gefesselt, nachts wurde sie manchmal alle fünfzehn Minuten mit Taschenlampen und Schreien geweckt, zu essen gab es wochenlang nur faulig schmeckende Kohlrübensuppe. Im Berliner Frauengefängnis musste sie noch zehn Wochen auf ihre Hinrichtung warten. Auch während der häufigen Bombenangriffe blieb sie gefesselt in ihrer Zelle, wurde nicht in den Luftschutzkeller gebracht. Aber am Ende konnte sie nicht ohne Stolz feststellen: „Mir ist kein einziges Wort entschlüpft, das andere belastet hätte."

Am 8. September 1944 wurde Elisabeth von Thadden in Berlin-Plötzensee hingerichtet – eines von fast 12.000 Opfern, die während der Nazi-Herrschaft offiziell zum Tod verurteilt wurden, darunter 1.100 Frauen. Wenige Stunden zuvor hatte sie noch ein paar Worte an einen Freund gekritzelt: „Ich gehe aus dieser räumlich-zeitlichen Welt zu dem Vater, dessen Kind und Erbe ich bin! In die Heimat der Liebe." Eine Augenzeugin der Hinrichtung notierte: „Sie ging festen Schrittes ohne Zittern."

Der letzte Rebell

Karol Wojtyła, Schauspieler, Arbeiter,
Hochschullehrer, Papst (1920–2005)

Wenn er gewollt hätte", urteilt Wojtyłas jüdischer Schulfreund Jerzy Kluger, „wäre er auch Präsident von General Motors geworden." Selbst skeptische Historiker, die ihn für einen rückwärtsgewandten Fundamentalisten gehalten haben, räumen ein, dass Johannes Paul II. die Welt verändert hat wie wenige Päpste vor ihm.

Als er 1979 seine polnische Heimat besuchte, die Bischöfe an die Seite der Gewerkschaft *Solidarność* drängte und der „Gegengesellschaft" zur glanzlosen Staatsmacht eine kraftvolle Stimme gab, war es um den Kommunismus geschehen.

Dass der Ostblock in den darauffolgenden Jahren nahezu ohne Blutvergießen zerfiel, wäre nicht möglich gewesen ohne jene polnische Aufstandsbewegung, die „ein ganzes Land vom Kopf auf die Füße stellen konnte", und ohne die Rückenstärkung dieser Bewegung durch den polnischen Papst. So urteilte damals Jan Roß, Redakteur im Berliner Hauptstadtbüro der kirchliche Belange allenfalls aus freundlicher Distanz betrachtenden *ZEIT*.

Roß: „Seine Botschaft von der Würde des Menschen und den Rechten des Arbeiters bot den Aufbegehrenden eine Sprache und eine Instanz, auf die sie sich berufen konnten. Seine Vision von der historischen Einheit des Kontinents, der wieder aus beiden Lungen atmen müsse, der westlichen und der östlichen, nahm den Fall der Mauer vorweg."

Doch kaum war die rote Heilslehre besiegt, begann Wojtyła einen zweiten, diesmal einsamen Kampf: gegen den gnadenlosen westlichen Kapitalismus, gegen die Vergötzung von Konsum und Markt, gegen die Reduzierung des Lebens auf Geld und Spaß.

„Der letzte große Konservative ist zugleich der letzte große Rebell gegen die herrschenden Verhältnisse", gab wieder Jan Roß zu bedenken. Das westliche Wirtschafts- und Lebensmodell – so befürchtete der Papst – stutzt dem Menschen die Seelenflügel, die ihn aufwärts tragen, lässt ihn zu einem auf die Befriedigung banaler Bedürfnisse dressierten Tier schrumpfen. „Der Mensch lebt nicht vom Brot allein", steht in der Bibel, sondern – so hätte Johannes Paul ergänzt – von geistigen Sehnsüchten, kulturellen Visionen, sozialen Bezügen.

Es war diese Sorge um den Menschen, die den alten Propheten in Rom in den letzten Jahren seines Kirchenregiments in merkwürdige Allianzen getrieben hat: Mit Linken – unvergessen sein Besuch auf Kuba, wo er sich mit dem ebenfalls ergrauten Revolutionär Fidel Castro in der Absage an Kapitalismus und Materialismus einig war. Mit Pazifisten – Papst Johannes Paul II. war der prominenteste Kritiker des Golf-Kriegs gegen den Irak 1990. Und mit Feministinnen – im Widerstand gegen eine gedankenlos praktizierte künstliche Empfängnisverhütung.

Eine Sorge, die in seinen Erfahrungen mit deutschen Besatzern, verfolgten Krakauer Juden, polnischen Untergrundkämpfern und westlichen Philosophen wurzelte.

Untergrundtheater und Steinbruch

Wojtyłas Werdegang unterscheidet sich deutlich von jenen typischen Kirchenkarrieren alter Prägung, die vom behüteten Seminardasein geradlinig auf den Universitätslehrstuhl oder Bischofsthron führen. Vielleicht war das mit ein Grund für Wojtyłas überraschende Wahl zum Papst 1978: Er hatte die Auswirkungen der Politik Hitlers und Stalins am eigenen Leib erfahren, kannte menschliche Armseligkeit, Zwangsherrschaft, Gesinnungsterror und Kriegselend aus hautnahem Erleben.

1920 kam *Lolek* (polnisch für „Karlchen") im verträumten Städtchen Wadowice, 50 Kilometer von Krakau entfernt, zur Welt. Wojtyłas Vater, ein Berufsoffizier, konnte sich von seiner kleinen Pension gerade eine bescheidene Zweizimmerwohnung leisten.

Es muss eine schwere, karge Zeit gewesen sein. Die Kindergesichter auf Karols alten Klassenfotos erinnern an Greise, schmerzgeprägt, hart, desillusioniert. Gescheit, hilfsbereit gegenüber schwächeren Kameraden sei er gewesen, erinnern sich seine Freunde aus der Schulzeit, theaterbegeistert und Kino-Fan, ein guter Sportler, wenig robust, aber eisern im Training.

Damals schon machte er mit Feuereifer in einer Theatergruppe mit, avancierte zum Regieassistenten, spielte einmal zwei Rollen gleichzeitig, indem er für einen krank gewordenen Kollegen einsprang und dessen Text improvisierte. Natürlich soll er damals auch eine Freundin gehabt haben.

1938 begann Karol Wojtyła in Krakau das Studium der polnischen Literatur- und Sprachwissenschaft. Erst 1942 wechselte er zur Theologie über, zu geheimen Vorlesungen in Privatwohnungen. Fotos aus jener Zeit zeigen einen attraktiven Mann, der ein bisschen den ernsten, verträumten Jungen aus den alten Western ähnelt.

Der Untergrund-Student verdiente sich seinen Lebensunterhalt beim Arbeitsdienst in einem Steinbruch und – als Kesselwasserreiniger – in einer Fabrik für chemische Produkte, was ihn vor einer Deportation nach Deutschland schützte, aber fast umbrachte: Manchmal musste er bei Temperaturen von minus 30 Grad arbeiten. 1941 brach er vor Erschöpfung zusammen, wurde von einem Lastwagen der deutschen Besatzer angefahren und lebensgefährlich verletzt.

Auf der schwarzen Liste der Nazis

An den Abenden studierte er seine theologischen Bücher, schrieb Gedichte – und spielte wieder Theater, sogar mehr als früher und natürlich im Untergrund, in Wohnräumen ohne Kulissen. Wojtyła textete selbst etliche Stücke, zum Beispiel einen Monolog über das Sakrament der Ehe, der bisweilen zum Dialog wird.

> „Der Mensch ist jenes Wesen, das Gott sucht. Nachdem er ihn aber endlich gefunden hat, sucht er weiter nach ihm, und wenn er ihn ehrlich sucht, hat er ihn auch schon gefunden."

Sein Name stand längst auf der schwarzen Liste der Nazis, weil seine Untergrundorganisation mit der christlich-demokratischen *Unia* zusammenarbeitete – Aktivisten, die vor allem den verfolgten Juden halfen. Karol Wojtyła verschaffte jüdischen Familien gefälschte Papiere und Verstecke, vielen rettete er das Leben.

Nach der Priesterweihe und zwei Studienjahren in Rom wurde der frischgebackene Doktor der Theologie erst einmal Seelsorger in einem kleinen Dorf und später Vikar in der großen Krakauer Pfarrei St. Florian. Er hielt lange, aber fesselnde Predigten und widmete sich seiner Jugendgruppe – ein gefährliches Geschäft. Denn jetzt, nach dem Krieg, unterdrückten statt der deutschen Nazis die sowjetischen Stalinisten das polnische Volk. Etliche Mitbrüder wurden wegen solcher Aktivitäten verhaftet.

Parallel zur Seelsorge nahm Wojtyła seine Studien wieder auf. 1953 hielt er in Krakau die ersten Vorlesungen über Sozialethik. 1956 erhielt er den Lehrstuhl für Ethik an der Universität Lublin, der einzigen katholischen Universität des Ostblocks. In Lublin war der größte Hörsaal überfüllt, wenn der als sehr weltoffen geltende Professor Wojtyła – der lieber mit den Laien als mit seinen Priesterkollegen Umgang hatte – seine Vorlesung hielt.

Mittelpunkt der Ethik des Professors Wojtyła war der konkrete Mensch, und ein Philosoph war für ihn ein Zeuge für die Menschenwürde: Die Ethik habe über das Handeln nachzudenken, das diese personale Würde des Menschen erfordere. „Ein Gipfel ist jeder Mensch, der dieser Erde entsprießt", hat der Dichter Wojtyła einmal geschrieben.

> „Zusammen mit den anderen christlichen Kirchen wollen wir, trotz unserer noch unvollkommenen Einheit, der Menschheit von heute verkünden, dass der Mensch nur dann ,wahr' ist, wenn er sich als Kreatur von Gott her empfängt; dass sich der Mensch nur dann seiner Würde bewusst ist, wenn er in sich selbst und in den anderen das Siegel Gottes erkennt, der ihn nach seinem Bild geschaffen hat; dass er nur in dem Maß „groß" ist, wie er aus seinem Leben eine Antwort auf die Liebe Gottes macht und sich dem Dienst an seinen Brüdern widmet. Gott verzweifelt nicht am Menschen." [47]

Der Ruf des „Teenagers" haftete Wojtyła auch in seinen nächsten Lebensabschnitten an: 1958 zum Weihbischof in Krakau ernannt, war er mit 38 Jahren Polens jüngster Bischof. 1964, 44-jährig, übernahm er das Bistum als Erzbischof, und drei Jahre später war er der zweitjüngste Kardinal der Welt. Im Oktober 1978 wurde er zum Papst gewählt und nannte sich Johannes Paul II.

Der Mensch, der von Gott als sein Abbild erschaffene und erlöste Mensch; der durch eine unselige Tradition von Gewalt und Hass und vor allem durch sich selbst gefährdete und darum immer noch erlösungsbedürftige Mensch; der Mensch, der meint, im Namen des Menschseins Gottes Abbild in sich zurückweisen zu müssen – dieser Mensch war die große Liebe des Papstes Karol Wojtyła. Am 2. April 2005 ist er gestorben.

Quellenverzeichnis

1 „Werke. Kölner Ausgabe Band 3" von Heinrich Böll. Herausgegeben von Frank Finlay und Jochen Schubert. © 2003 by Verlag Kiepenheuer & Witsch GmbH & Co. KG, Köln.

2 „Werke. Kölner Ausgabe Band 22" von Heinrich Böll. Herausgegeben von Jochen Schubert. © 2007 by Verlag Kiepenheuer & Witsch GmbH & Co. KG, Köln.

3 Dietrich Bonhoeffer: Widerstand und Ergebung. © by Gütersloher Verlagshaus, in der Verlagsgruppe Random House GmbH, München

4 Ebd.

5 Elsa Brändström: Unter Kriegsgefangenen in Russland und Sibirien – 1914 – 1920. Deutsche Verlagsanstalt für Politik und Geschichte Berlin 1922.

6 Helmut Müller-Enbergs / Heike Schmoll / Wolfgang Stock: Das Fanal. Das Opfer des Pfarrers Brüsewitz und die evangelische Kirche. Ullstein Frankfurt am Main 1993.

7 Gisbert Greshake: Selig, die nach der Gerechtigkeit dürsten. Hildegard Burjan. Leben – Werk – Spiritualität. Tyrolia Innsbruck 2008.

8 Hélder Câmara: Meditation für dies Jahrhundert. Peter Hammer Verlag (Jugend-dienst-Verlag) Wuppertal, 1979.

9 Hélder Câmara: Haben ohne festzuhalten © 1981 Pendo Verlag in der Piper Verlag GmbH, München

10 Dorothy Day: Ich konnte nicht vorüber. Ein Lebensbericht. Herder Freiburg 1957.

11 Madeleine Delbrêl: Der kleine Mönch. Ein geistliches Notizbüchlein. Herder Freiburg [3]1982.

12 Ebd.

13 Katja Boehme: Madeleine Delbrêl. Die andere Heilige. Herder Freiburg 2004.

14 Diagnosen. Übertragen von H. U. von Balthasar, Einsiedeln 1975, 53.

15 Frère Roger: Die Quellen von Taizé. Regel und Briefe. Herder Freiburg [13]1981.

16 Ebd.

17 Christian Führer: Und wir sind dabei gewesen. Die Revolution, die aus der Kirche kam. © 2009 Ullstein Buchverlage GmbH, Berlin.

18 Ekkehard Kuhn: Der Tag der Entscheidung, Leipzig, 9. Oktober 1989. Ullstein Berlin 1992

19 Alle Kinder dieser Welt. Die Botschaft des SOS-Kinderdorfgründers. Styria Wien 2006

20 Bundeskanzler Helmut Schmidt 1976 beim Staatstrauerakt in Bonn.

21 Richard Deats: Martin Luther King – Traum und Tat. Ein Lebensbild. Verlag Neue Stadt 2008.

22 Quelle unbekannt.

23 Richard Deats: a.a.O.

24 Janusz Korczak: Wie man ein Kind lieben soll. 14. Auflage, © Vandenhoeck & Ruprecht GmbH & Co.KG Göttingen

25 Ebd.
26 Ebd.
27 Robert Jungk: Leben aus den „Graswurzeln". In: Andrew C. Revkin: Chico Mendes. Tod im Regenwald. Paul List Verlag München 1990.
28 Thomas Merton: Keiner ist eine Insel. Betrachtungen über die Liebe. Benziger Düsseldorf 2005.
29 Thomas Merton: Zeiten der Stille. Herder Freiburg 1999.
30 Aloyse Michaely: Olivier Messiaens „Saint François d'Assise". Die musikalisch-theologische Summe eines Lebenswerks (musikalische konzepte, hrsg. von Heinz-Klaus Metzger und Rainer Riehn, Band 1/2). Stroemfeld Frankfurt am Main 2006.
31 Aloyse Michaely: Verbum Caro. Die Darstellung des Mysteriums der Inkarnation in Olivier Messiaens Vingt Regards sur l'Enfant-Jésus. In: Hamburger Jahrbuch für Musikwissenschaft 6 (1984).
32 Maria Montessori: Kinder sind anders. Il Segreto dell'Infanzia. Bearb. v. Helene Helming. Aus d. Ital. v. Percy Eckstein / Ulrich Weber. Klett-Cotta, Stuttgart 1952, 14., durchgesehene, um ein Vorwort erweiterte Neuauflage 2009.
33 Maria Montessori: Gott und das Kind. Herder Freiburg 1995.
34 Eileen Egan: Such a Vision of the Street. Mother Teresa – the Spirit and the Work. Sidgwick & Jackson London 1985.
35 Malcolm Muggeridge: Something Beautiful for God. Collins London 1971.
36 http://www.martin-niemoeller-stiftung.de/4/daszitat/a46
37 Michael Albus: Ruth Pfau. Ein Leben gegen den Aussatz. Patmos Düsseldorf 1984.
38 Karl Rahner: Erfahrung des Geistes. Meditation. Herder Freiburg 1977.
39 Placido Erdozain: San Romero de America. Das Volk hat dich heiliggesprochen. Peter Hammer Verlag (Jugenddienst-Verlag) Wuppertal, 1981.
40 Inge Scholl: Die Weiße Rose. Erweiterte Neuausgabe. S. Fischer Frankfurt am Main 1986.
41 Dorothee Sölle: Ich will nicht auf tausend Messern gehen. Gedichte. dtv München 1968.
42 Dorothee Sölle: Gesammelte Werke Band 8: Das Brot der Ermutigung. Hrsg. von Ursula Baltz-Otto und Fulbert Steffensky. Kreuz Stuttgart 2008.
43 Dorothee Sölle: Mystik des Todes. Ein Fragment. Kreuz Stuttgart 2003.
44 Brief vom 12. 2. 1928 an Schwester Callista Kopf. In: Edith Steins Werke. Hrsg. von Lucy Gelber und Romaeus Leuven OCD. Band VIII. Herder Freiburg 1976.
45 Edith Steins Werke. Hrsg. von Lucy Gelber und Romaeus Leuven OCD, Band X. Herder Freiburg 1983.
46 Irmgard von der Lühe: Eine Frau im Widerstand. Elisabeth von Thadden und das Dritte Reich. Herder Freiburg 1980.
47 Johannes Paul II.: Botschaft zum 50. Jahrestag des Beginns des Zweiten Weltkriegs, 27. 8. 1989.

28 Thomas Merton: Keiner ist eine Insel. Betrachtungen über die Liebe. Benziger Düsseldorf 2005.

29 Thomas Merton: Zeiten der Stille. Herder Freiburg 1999.

30 Aloyse Michaely: Olivier Messiaens „Saint François d'Assise". Die musikalisch-theologische Summe eines Lebenswerks (musikalische konzepte, hrsg. von Heinz-Klaus Metzger und Rainer Riehn, Band 1/2). Stroemfeld Frankfurt am Main 2006.

31 Aloyse Michaely: Verbum Caro. Die Darstellung des Mysteriums der Inkarnation in Olivier Messiaens Vingt Regards sur l'Enfant-Jésus. In: Hamburger Jahrbuch für Musikwissenschaft 6 (1984).

32 Maria Montessori: Kinder sind anders. Il Segreto dell'Infanzia. Bearb. v. Helene Helming. Aus d. Ital. v. Percy Eckstein / Ulrich Weber. Klett-Cotta, Stuttgart 1952, 14., durchgesehene, um ein Vorwort erweiterte Neuauflage 2009.

33 Maria Montessori: Gott und das Kind. Herder Freiburg 1995.

34 Eileen Egan: Such a Vision of the Street. Mother Teresa – the Spirit and the Work. Sidgwick & Jackson London 1985.

35 Malcolm Muggeridge: Something Beautiful for God. Collins London 1971.

36 http://www.martin-niemoeller-stiftung.de/4/daszitat/a46

37 Michael Albus: Ruth Pfau. Ein Leben gegen den Aussatz. Patmos Düsseldorf 1984.

38 Karl Rahner: Erfahrung des Geistes. Meditation. Herder Freiburg 1977.

39 Placido Erdozain: San Romero de America. Das Volk hat dich heiliggesprochen. Peter Hammer Verlag (Jugenddienst-Verlag) Wuppertal, 1981.

40 Inge Scholl: Die Weiße Rose. Erweiterte Neuausgabe. S. Fischer Frankfurt am Main 1986.

41 Dorothee Sölle: Ich will nicht auf tausend Messern gehen. Gedichte. dtv München 1968.

42 Dorothee Sölle: Gesammelte Werke Band 8: Das Brot der Ermutigung. Hrsg. von Ursula Baltz-Otto und Fulbert Steffensky. Kreuz Stuttgart 2008.

43 Dorothee Sölle: Mystik des Todes. Ein Fragment. Kreuz Stuttgart 2003.

44 Brief vom 12. 2. 1928 an Schwester Callista Kopf. In: Edith Steins Werke. Hrsg. von Lucy Gelber und Romaeus Leuven OCD. Band VIII. Herder Freiburg 1976.

45 Edith Steins Werke. Hrsg. von Lucy Gelber und Romaeus Leuven OCD, Band X.Herder Freiburg 1983.

46 Irmgard von der Lühe: Eine Frau im Widerstand. Elisabeth von Thadden und das Dritte Reich. Herder Freiburg 1980.

47 Johannes Paul II.: Botschaft zum 50. Jahrestag des Beginns des Zweiten Weltkriegs, 27. 8. 1989.